复盘学习法

做对复盘，
有效提分

郑强 著

人民邮电出版社

北　京

图书在版编目（CIP）数据

复盘学习法：做对复盘，有效提分 / 郑强著.
北京：人民邮电出版社，2025. -- ISBN 978-7-115
-65958-3

Ⅰ．G791

中国国家版本馆 CIP 数据核字第 2025AB2374 号

内 容 提 要

在学习过程中，很多人会有一个困惑，就是虽然花了很多时间，但学过的东西能记住的并不多，能真正理解并学会应用的就更少。这往往是因为他们在学习过程中缺少了一个重要环节——复盘。

本书以教育心理学理论为基础，融合复盘的规范流程和工具，系统讲解了如何通过复盘思维来拆解学习过程。作者将复盘学习拆解为三个步骤：第一步是关注事实，回顾学习的整个过程，包括学习的目标、策略和行动；第二步是反思学习的过程，分析问题产生的原因并总结规律；第三步是采取行动，自我改进，条理化地呈现知识和输出知识。针对这三个复盘学习的步骤，作者在书中给出了大量的复盘学习的工具、表单及案例。

本书可以帮助面临中考、高考、研究生考试、公务员考试的人群，以及需要通过学习获得成长的人群掌握专业的复盘方法，在学习过程中避免低水平的重复，把握学习的本质，提升学习效率和学习成绩。

◆ 著　郑　强
　　责任编辑　杨佳凝
　　责任印制　彭志环
◆ 人民邮电出版社出版发行　　北京市丰台区成寿寺路 11 号
　　邮编 100164　电子邮件 315@ptpress.com.cn
　　网址 https://www.ptpress.com.cn
　　北京鑫丰华彩印有限公司印刷
◆ 开本：880×1230　1/32
　　印张：6.625　　　　　　　　　　2025 年 3 月第 1 版
　　字数：150 千字　　　　　　　　2025 年 3 月北京第 1 次印刷

定　价：59.80 元
读者服务热线：（010）81055656　印装质量热线：（010）81055316
反盗版热线：（010）81055315

前言

从我写的第一本书《复盘思维》出版以来，我对"复盘"的关注度逐年递增。与此同时，社会对复盘的关注度也在逐年递增，这从市场上越来越多的复盘专著可见一斑。

很荣幸，我在繁荣复盘品类图书市场的道路上，也尽了一点微薄之力。与此同时，我也发现，好像复盘被更多应用到了组织中，帮助组织降本增效、提升效能。复盘的价值被越来越多的职场人所关注。

渐渐地，我产生了一种使命感：让复盘辐射到更多的场景，并有益于更多的人。因为复盘不应仅限于组织中，它应该可以帮助到更多的个体，帮助他们不断进步，成为更优秀的自己。

于是，我在持续一段时间的学习后，完成了第二本书《复盘高手》的编写。这本书向人们展示了另外一种视野，即复盘也可以帮助个人成长。

我在《复盘高手》中提出了一个全新的"复盘胜利模型"。这是直到现在仍然让我津津乐道的一个模型，因为它给人们提供了一套个人复盘的基础框架，甚至把复盘从原来的回顾目标、评估结果等操作中提升了一个认知层次，使其延展性和适用性大大提高。

但这还远远不够！

借助于对"复盘胜利模型"的思考，以及诸多伟大教育家们的思想，我提出了复盘学习法的概念，并且将其落实到了这本书中。

我希望通过这本书向你展示另外一种复盘的视角，借助这个视角，你可以俯瞰学习世界的风景。

复盘学习法可以帮助小学生、中学生、大学生，以及走向社会，还在期待通过学习持续提升自己的各类人群，帮助他们找到一种简单、可操作、有效的学习方法。

我只是一个培训工作者，对脑科学、教育心理学、教育学等诸多领域的了解可能连皮毛都算不上，但我还是愿意以复盘为突破点，尝试去开辟一个小小的关于学习方法的领域。我想践行"让复盘应用到更多场景，让更多人受益"的使命。我期待能够借助这些思考，给更多的学习者打开一扇有效学习之门。

本书阐述了复盘学习法的理念，以及复盘学习法的步骤和应用。

第一部分也就是第一章，强调了复盘学习法中的一个核心理念：信息不等于知识，记忆不等于学习。实际上，本书也是围绕着这个理念展开的。

第二部分是第二章至第四章，系统阐述了作为学习者，我们应该如何一步步地把信息转变成知识并最终输出知识。这部分有很多概念，比如 TOTE 模式、建构主义、认知主义、卡罗尔有效学习公式等，这些概念绝非故作高深之词，确实是复盘学习法的理论基础。如果有精力，你可以多花一些时间去进一步了解这些内容。请相信，当你真正掌握了这些概念时，你对所学的内容会产生不一样的理解。

当然，一如既往地，书中也会提供很多工具，包括复盘学习法画布、鱼骨图、全面思考模型、错题集、学习清单等，这些工具可以帮助你快速、有效地完成一次学习复盘。

这本书有两个用途：第一，你可以将其作为一本学习方法的书来阅读，了解学习是什么，如何从过去的经验（对题和错题）中学习；第二，你可以将其作为一本工具书，核心工具就是复盘学习法画布，你可以尝试按照这个思路来做一次学习复盘。在学习过程中你有什么卡点，可以到相应的章节中去寻找答案。当然，你也可以找我一起交流。

实际应用复盘学习法的时候，我建议你最好找一个人一起进行。他可以是你的老师、你的父亲，也可以是你的朋友。他首先要理解复盘学习法的内容，之后他可以引导你，让你把更多精力放在思考上。另外，他可以给你提供一些不同的思考维度，防止你陷入自己的固有模式中无法自拔。当然，你也可以在看完整本书后，给你的孩子、学生或者朋友做一次学习复盘，帮助他们更加有效地学习。

我做了一个视频号，会不定期地发布一些关于复盘的内容。视频号的名字叫"复盘高手"，欢迎大家来和我一起交流。

谢谢。

目录

第一章
复盘学习法概述

第五章

完整的复盘学习法案例

第一章

复盘学习法概述

第一节　原来学习是有方法的

　　我时常在想，如果可以坐上时光机，让我回到过去，我一定可以更轻松地考到一个更好的成绩。

　　因为直到近几年我才豁然发现，原来学习这件事，实际比拼的并不是谁的大脑更聪明，而是谁掌握了更有效的学习方法。

　　掌握了有效的学习方法，就像玄幻小说中描述的进入了某种修炼境界，虽然筑基期和金丹期的修炼等级就差一级，但只要迈过去了，就是一片新天地。

虽然不同时期的老师也传授过学习方法，但我问了周围很多人，包括我的长辈和晚辈，几十年过去了，老师们的教学理念好像没怎么变化，大体就是"课前预习，课上认真听讲，课后复习"之类的。

实际情况是，有的人课前预习后，大概懂了一大半，导致课上不认真听讲了，甚至干脆不听讲了，结果变成了"半瓶子醋"；也有的人课前预习没搞懂，课上听讲同样没搞懂。至于课后复习，就是会的依然会，不会的依然不会。

最终，我们只能无奈地发现，学习这件事，好像凭的是运气和天赋。正如我们有时会听到一些父母还有老师说，某某小孩聪明，一学就会，一点就透；某某小孩的反应慢一些。

在培训课堂上，我经常会看到有些学员，当我讲了一个工具的用法时，他马上就能领会；而有些学员则在那冥思苦想；还有些学员依葫芦画瓢，可结果却画出了一根"黄瓜"。

经过多年观察我发现，一个人学习好坏并不取决于其是否聪明。老师眼中聪明的小孩，大概率是无意间掌握了有效的学习方法；或者是性格使然，导致他们的行为模式刚好契合了某种学习方法，产生了正向循环。就像有的人擅长做菜，有的人擅长修车，但你不能说擅长修车的人就比擅长做菜的人更聪明。实际上，修车的人也可以通过学习成为厨师，厨师也可以通过学习成为修车师傅，背后的关键是技能的学习。

学习本身是一种技能，是可以培养的。

在讲述学习方法前，我不得不提及一个基础性的话题——我们为什么要学习？

💡 第二节　我们为什么要学习

　　我们为什么要学习？虽然这看似是一个不需要讨论的话题，但我还是想从一些不同的视角去谈一谈。

　　对学生来说，学习自然是为了考上一所好学校，谋一份好差事。那么，成年人呢？

　　前几天去一家单位讲课，组织者跟我抱怨，班内有不少学员还有一两年就要退休了，但领导还是让他们来参加培训。快退休的大哥和大姐们兴致索然，经常不来参加培训。我附和道："这个年纪确实不应该再参加培训了……没那个心思了，即使学了领导力，学了复盘，或者学了其他技能，好像也用不到了，而且好不容易熬到退休，好不容易可以'面朝大海，春暖花开了'，应该是不再接触与工作相关的事情才更开心吧。"

所以，成年人学习好像是为了解决工作中实际遇到的问题，让自己在工作中变得更自如、更优秀。

这些答案好像都正确，但好像又少了点什么。我们需要引入一个很有意思的模式，即 TOTE 模式，如图 1-1 所示。

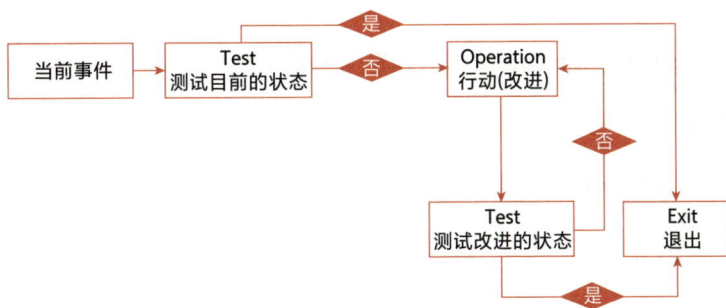

图 1-1 TOTE 模式

TOTE 其实是四个英文单词的首字母缩写，即测试（Test）—行动（Operation）—测试（Test）—退出（Exit）。

它提供了一个具有普遍性的行为模式，甚至可以解释我们一切工作和生活中的行为现象。

举个简单的例子，我们口渴了想喝一杯放在稍远处的桌子上的水，这个动作其实就囊括了一个完整的 TOTE 模式，具体内容如下。

测试（Test）：如果我什么也不做，可以喝到这杯水吗？

结果：不能。

行动（Operation）：于是我走到桌子前，用手将水杯拿起来。

测试（Test）：我能喝到水吗？

结果：能。

退出（Exit）：我喝到了水，并结束了喝水的这个行为。

至此，一个小目标得以完成。

再举个稍微复杂点的例子。比如，我们想要驾驶汽车，其 TOTE 模式如下。

测试（Test）：我可以驾驶这辆汽车吗?

结果：不能（因为我没有驾驶技能）。

行动（Operation）：我去驾校学习驾驶技能。

测试（Test）：（学习完后）我掌握了驾驶汽车这种技能吗?

结果：掌握了（驾驶汽车的技能）。

测试（Test）：我可以开走这辆车吗?

结果：还不能（因为没有实际上路经验）。

行动（Operation）：我去找了个教练，让他辅导了我一段时间。

测试（Test）：我可以开走这辆车了吗?

结果：能。

退出（Exit）：我可以开车上路了。

至此，又一个目标得以完成。

这就是我们所说的 TOTE 模式。可以说，我们几乎所有的行动都会遵循这个过程。无论是企业经营目标的达成，还是个人生活目标的达成，其实都在遵循着这个模式。

简单来说，TOTE 模式就是一个人在定下了一个目标后，他会在实现这个目标的过程中反复测试（Test）这个目标是否已经达成。如果测试后发现这个目标还没有达成，他会尝试做出各种行动（Operation），以期望更接近这个目标。做出行动后，他会继续测试（Test），假如这个目标还没有达成，他会继续这个循环，直至目标达成，这个过程便会终止（Exit）。

尝试做出各种行动的过程，其实就是学习的过程。当然，这种学习不一定仅仅是看书、听课，也包括向他人请教，抑或是自己不断试错并最终找到正确答案的过程。对于这些，我们都称之为学习。

反之，如果不学习，会产生什么结果呢？

很简单，我们可能将永久陷入 TOTO 模式中，无法走出来。就像驾驶汽车，当我们发现自己无法驾驶汽车时，怎么办？当然是去驾校学习。如果不学习，我们可能永远只能在最初的测试（Test）阶段"望车兴叹"。也就是说，我们可能永远都会在TOTO模式中不断重复着一样的动作，最终却拿不到结果，无法达成目标。

因此，学习的意义在于以下两个方面。

第一，学习是达成目标的途径。

在TOTE模式中，两个"T"都是测试，如果测试通过，则可以退出；而如果测试未通过，则代表这件事尚未成功，需要做进一步的改变。学习的本质是"改变"，只有改变才会产生不同的结果。然而，人们总是习惯于用同样的方法去期待不同结果的出现。比如所谓的题海战术，这种重复性努力的结果往往是使人沉浸在TOTO模式中无法自拔，陷入死循环。

第二，学习是不断迭代和升级的过程。

如果我们的人生就是一个接一个的 TOTE 模式的话，那么毫无疑问，这些 TOTE 模式一定是不同且不断升级的。就像我们学会了开车上路后，从最早的时速 60 千米到 70 千米，再到 100 千米且平安驾驶，这是一个不断升级的过程。但我们需要注意，使 TOTE 模式不断升级是有前提的，也就是一定要完结前一个"改变"才能开启下一个"改变"。就像语文学习，一定要先学习认字，再学习阅读，然后才是写作，这个过程是无法跨越的。而完成每一个 TOTE 模式的过程的关键是**行动**（Operation）这个步骤，而这个步骤的关键是行为的改变和调整，行为的改变和调整即学习的过程。所以，学习是迭代和升级的过程。

💡 第三节　学习的本质是什么

　　幼儿园小朋友要学习如何自己穿衣服、吃饭、上厕所；中学生要学习语文、数学、历史、地理等学科知识，努力取得理想成绩，考上一所好大学；而职场中的人们，则要通过学习各种技能和知识让自己变得更有竞争力。

　　假设老师传递的外界信息为 x，我们期待达成的结果为 y。本质上来说，我们并不能完全通过外界输入的信息，就能达成我们期待的结果，也就是 $y \neq x$。

　　就像老师讲的数学函数公式的运算法则一样，我们并不能马上掌握这个法则。通常老师要经过多次输入，才有可能让学生掌握并运用这个法则。

从表面上看，达成结果 y 的过程是通过不断练习 x 得来的，比如老师反复讲授，学生不断练习，搞题海战术。我们通常会认为这种不断重复练习的过程就是"努力"。

某种程度上来说，这也是一种有用的方法。就像销售员联系客户推销产品，哪怕是经验不足的销售员，只要坚持每天联系 200 位客户，总有打动客户的一天，这叫"大数法则"。

很多学习者认为，学习好像就是比谁更能熬夜，比谁更"努力"，甚至学习者在这个过程中暗自得意，自我满足，哪怕失败了，也只会扼腕叹息道，"不怪我，怪命运"或者"不是我不努力，我实在不是学习的料"。其实，这只是一种逃避的心态。

不可否认，大数法则还是有用的，因为确实有不少学习者因此而获得了成绩的提升。虽然一些学习者建立了信息 x 和结果 y 之间的关联，也就是 $y=f(x)$，但这只是较为虚弱的关联，甚至是隐形的关联，有时候也有很大的运气成分在里面。

其实，**学习的本质，是从接收信息、加工信息到输出信息的过程**，如图 1-2 所示。

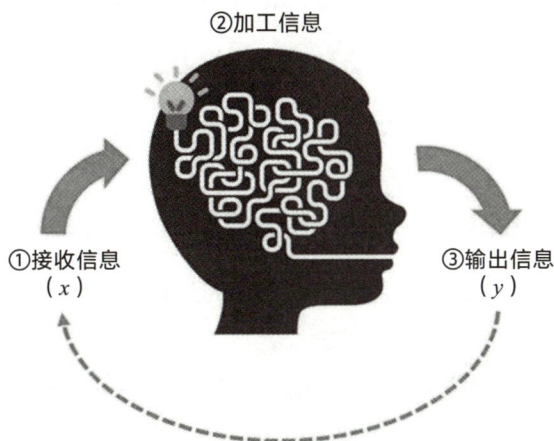

②加工信息

①接收信息
（x）

③输出信息
（y）

图 1-2　学习的过程

在这个建立函数连接的过程中，所谓的题海战术，毫无疑问是最费时费力的方法。我们还是拿销售举例，一名销售员拿着客户名录，一遍遍地拨通客户的电话，用着同样的话术、同样的语调去推销产品，他会把产品卖出去吗？答案是会，但这样的人一定不是销冠，一定很累。学习也是如此，真正学习好的学生，一定不是单纯地靠夜以继日的努力，采用大数法则来取得好成绩的。我在写本章内容前，学习了不下十门清华、北大学霸们的学习法课程。几乎所有学霸都会提到，自己的学习并不是靠死记硬背、靠运用大数法则来获得成功的，因为这样的方法是获取学习成果最慢的方法，而且也达不到好的学习效果。

我们再来强调一下我们给出的关于学习的概念，学习是从接收信息、加工信息到输出信息的过程。

这个概念中包含三部分信息，我们一一进行说明。

1. 接收信息

接收信息，顾名思义，就是每个人从外部所接收到的信息内容。以在校学生为例，学生接收的信息就是老师所讲授的知识。

学习者接收到的信息有以下几个特点。

第一，相对公平。不管是特级老师还是刚参加工作的老师，对同一个班级的学生而言，老师输出的信息是一致的，都是按教学大纲来讲的，并且这些信息是可以满足学生完成考试所需的。

第二，接收到的信息量不一样。虽然老师对同一个班级的学生输出的信息是一致的，但对同一个班级的几十名学生而言，接收到的信息却不一定一致，因为有的同学会自己看书，有的同学会自己在网上找资料，有的同学会去报辅导班，也有的同学会衍生出更多的信息。

第三，不同环境下，接收到的信息有差异。假如有两所学校，A 学校的张老师是特级教师，深谙教学和考试之道；而 B 学校的李老师刚参加工作不久，教学经验欠缺。假设张老师所教的 A 学校五年级一班有 40 名学生，李老师所教的 B 学校五年级一班也有 40 名学生，那么这两个班级的学生接收到的信息可能会有很大的差别。

我们接收到的信息其实是复杂多样的，甚至是难以预测的。信息的复杂性会给我们进行信息加工，或者说信息的标准加工带来很大的困扰。每个人的情况不一样，是否存在一种通用的方法，让我们可以把这些信息进行有效的加工，形成自己的知识，进而取得好的成绩呢？这其实是个挑战。

2. 加工信息

当信息进入我们的大脑后，大脑会对信息进行加工。我们可以简单地把大脑理解成一个信息加工厂，输入的信息有很多，这些原始信息进入加工厂后，会经过一系列加工步骤，最终变为知识。对于这个过程，我们称之为信息的加工过程。

人与人之间最大的区别是大脑，大脑会根据我们自身的认知、情绪、关注点，甚至是价值观的不同，将同一个信息加工成完全不同的东西，这体现了输出信息的差异性。就像加工小麦，有的是高温加工，有的是低温加工，有的需要经过蒸馏，过程各不相同。毫无疑问，加工方法不同，输出的成果也不尽相同。

3. 输出信息

对学习者而言，输出信息的过程其实就是考试或者应用的过程。这是检验我们学习成果的一个非常重要的指标，也是我们之前提到的 TOTE 模式中，能否有效退出（Exit）的一个核心检验标准。一旦输出符合外界预期，或者输出达到当初的学习目标，那么整个学习过程就算完成。当然，客观地说，输出不一定符合外界预期就一定是正确的。

古往今来，很多教育学家、心理学家都在研究输出信息这个过程的产生方式。从教育心理学的视角来看，这个过程先后经历了三种主要的哲学思想，即行为主义、认知主义和建构主义。虽然这些枯燥的"主义"略显生涩，但我还是希望可以简单地去讲解一下，希望你能够在其中找到自己学习的影子。这三种哲学思想并无对错之分，虽然认知主义是在行为主义之后产生的，并对行为主义有一些批判，但这并不代表行为主义的学习方式就完全不好。实际上，现在大部分学校采取的依然是行为主义的教学方式，可见其生命力之强。

接下来，我们从三个视角去解释这三种哲学思想，分别是对这三种哲学思想理论的介绍、教学观点的介绍，以及教学应用的介绍。

一、行为主义（Behaviorism）

行为主义理论强调外部可观察的行为和刺激之间的关系，认为学习是通过对刺激和反应之间的关联进行条件化来实现的。我们可以用最常见的广告来举例。

实际上，早期的电视广告大部分采取的是轰炸式的刺激方法，以此来不断强化观众大脑的记忆，使其最终产生对品牌的印象和认知。比如，早些年的脑白金广告语"今年过节不收礼，收礼只收脑白金"就给观众留下了深刻的印象。行为主义的观点就像用火柴点燃汽油，一点就着，即刺激和反应之间是直接关联的，如图 1-3 所示。

Stimulus　　——▶　　**R**esponse
刺激　　　　　　　　　　反应

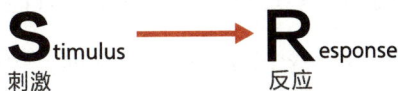

图 1-3　行为主义的学习过程

行为主义的教学观点

学习是通过外部刺激和奖惩来塑造和改变行为的。就像脑白金的广告一样，行为主义学习者认为："只要我跟你说了，且不断地说，你就一定能记住。只要我时刻激励你朝着'正确'的方向前进，你就一定会有所改变。"

学习者是被动接收信息的对象，老师在教学过程中起着指导和控制的作用。学习者和老师的关系更像是水桶和水之间的关系，老师好比是水，只要往桶里灌水，水桶就一定会满。上学时，老师的"谆谆教诲"和父母的"不断唠叨"所起的就是这个作用。

学习的目标是形成特定的行为反应和习惯。也就是说，学习和学习目的的关系是特定的。比如，背诵课文是为了做对填空题，所学只为特定场景服务。这种方式对于文科类的学习是有效的。

学习者的行为可以被观察和测量。基于这个教学观念，我们就可以对学习者的行为进行观察，比如做了多少道题，背了多少本书，甚至是熬了多少个夜晚，将其作为行为的测量指标。因为行为主义的观点是，只要点火，一定能着。

行为主义教学观点的应用

行为主义教学观点的应用如下。

- 强调老师的角色，老师应提供明确的指导和反馈，使用奖惩机制来加强或削弱学习者的行为。
- 重视刺激和反应之间的关联，采用条件反射和条件化方法进行教学。
- 强调重复和巩固，即通过反复练习和复习来巩固学习成果。

二、认知主义（Cognitivism）

认知主义理论强调学习者的思维、认知过程和心理结构对学习的影响。区别于行为主义，认知主义并不认为人在接收到某个"刺激"后马上就会有反应，中间需要一个认知和加工的过程。比如同样一个笑话，有的人立刻哈哈大笑，有的人却觉得很无聊，这并不是笑话本身的问题，而是因为人的经历、认知不同造成的。以广告为例，其实现在大部分广告语都是遵循认知主义而构想出来的，比如"怕上火，喝王老吉""困了累了，喝红牛"等广告语。认知主义会帮你构建一个场景，在这个场景下帮你把"刺激"（王老吉）和"结果"（喝）连接起来。

认知主义学习理论中最著名的就是科勒的黑猩猩实验。1913—1917 年，科勒在腾涅立夫岛的大猩猩研究站以大猩猩为被试，做了大量的学习实验研究。这些研究主要是通过给大猩猩设置各种各样的问题来观察大猩猩如何解决这些问题。由于科勒所做的实验太多，篇幅所限，不能一一列举。下面就列举一个最有代表性的实验——"接竿问题"实验。

在实验过程中，大猩猩被关在笼子内，而大猩猩喜欢吃的香蕉被放在笼子外不远的地方（即用一根竹竿够不着，但用两根竹竿连接起来可以够得着的地方）。笼子内有一根较短的竹竿，笼子外有一根较长的竹竿。

大猩猩为了拿到香蕉，起初用那根较短的竹竿去够香蕉，但竹竿太短，够不到。大猩猩还常常将竹竿扔向香蕉，连竹竿也丢了。而在用一只取名为"苏丹"的大猩猩做实验时，出现了一个戏剧性的场面：苏丹为了拿到香蕉，用较短的竹竿拨到了另一根较长的竹竿。当它玩弄这两根竹竿时，好像突然明白了什么，然后将两根竹竿连接起来（将较细的竹竿插入较粗的竹竿里），最终用这根连接起来的竹竿够到了香蕉。这个过程是缓慢的，起初把两根竹竿放在一起，苏丹看到两根竹竿间可能存在某种关联，一次又一次地把一根竹竿插入另一根竹竿里，最终成功够到远处的香蕉并把它吃掉。

　　这个实验说明了什么呢？学习是一个积极主动的过程，是一个忽然顿悟的过程，大猩猩苏丹正是因为有了这样的顿悟，才学会了把两根竹竿连接起来够到香蕉。所以，学习应该是主动的，而不是被动的。自己的主动性提高了，学习也就自然发生了。在认知主义视角下，学习者首先要考虑的不是学什么，而是如何才能让大脑愿意学。

　　再举个例子，如果说行为主义的认知就像用火柴点燃汽油，一点就着，那么认知主义就像用火柴点燃木头，需要借助一些手段（比如借助引燃物）才能把火点着。也就是说，刺激和反应之间有一个中间过程，如图 1-4 所示。

Stimulus ⟶ **O**rganism ⟶ **R**esponse
刺激　　　　　　有机体　　　　　反应

图 1-4　认知主义的学习过程

认知主义的教学观点

学习是一个主动、有意识的过程。其实，我们可以把大脑想象成一个与躯体相互配合的独立个体，它也有自己的性格和喜好，比如大脑喜欢有价值的事情，喜欢当下的满足感。只有了解到大脑的这些喜好，我们才能"投其所好"，大脑才会愿意工作，愿意去记住、理解或者掌握一些知识和信息。否则，它就会关闭认知之门，让所有信息都变成"耳旁风"。所以，从这个角度来看学习，首要任务不是传递知识，而是激活大脑。

学习者的思维过程和心理结构对学习结果起着重要作用。学习者具有独特的认知结构和知识积累，新的学习是建立在既有知识的基础上的。也就是说，大脑会受固有印象所驱动。比如我女儿小布丁，因为她之前喝过感冒冲剂，觉得很苦，所以她就觉得所有药都是苦的。如果我一定要告诉她有些药是不苦的，那么她理解起来就会很吃力。

学习的目标是促进学习者思维能力的提升。在认知主义者看来，刺激和反应之间存在认知上的偏差，只要认知正确，那么一切自然迎刃而解。以学习历史为例，认知主义者主张学习者应在对历史事件理解的基础上，找到各个历史事件背后的规律，在此基础上去完成考试。这样的学习不仅有利于学生取得好成绩，还有利于学生参加更多的实践活动。

认知主义教学观点的应用

认知主义教学观点的应用如下。

- 强调启发式教学，通过提供引导性的问题和案例，激发学习者的思考和探索。
- 重视概念重组，鼓励学习者将新的知识与既有的知识进行关联和整合。
- 注重学习者元认知（即认知背后的认知）能力的培养，帮助学习者了解和调控自己的学习过程。
- 提供有意义的学习材料，以促进学习者的深层次理解和知识建构。

三、建构主义（Constructivism）

　　建构主义理论认为学习是学习者主动建构知识和理解知识的过程，并通过与现有知识和经验的交互来建构新的知识。建构主义是一种更新版的关于知识和学习的理论，强调学习者的主动性，认为学习是学习者基于原有的知识和经验生成新的知识的过程，而这一过程常常是在社会文化互动中完成的，如图 1-5 所示。

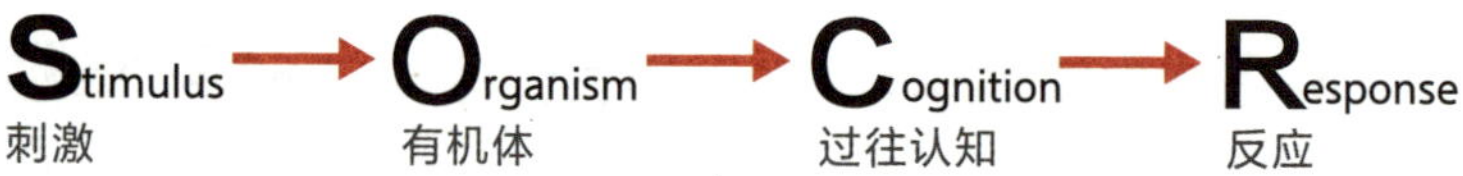

Stimulus ➞ **O**rganism ➞ **C**ognition ➞ **R**esponse
刺激　　　　　有机体　　　　过往认知　　　反应

图 1-5　建构主义的学习过程

　　建构主义者经常举的一个例子是，如果一条在海里生活从来没有上过陆地的鱼，你告诉它陆地上有牛，且有两只角，那么它会把牛这种动物想象成有着鱼的身体且长了两只角的动物，如图 1-6 所示。

图 1-6 鱼眼中的牛

建构主义理论的经典实验之一是随机进入教学。在这个实验中，老师不是简单地向学生传授知识，而是为学生提供一个复杂的学习环境，让学生在其中自由探索，并通过解决问题来建构自己的知识。

这种教学方法的核心思想是，学习是一个主动的过程，学生应该在学习过程中发挥主体作用，通过探索、发现和解决问题来获得新知识。而老师的角色则是引导者和支持者，他们为学生提供必要的指导和支持，帮助学生建构自己的知识体系。

随机进入教学的实验结果表明，这种教学方法能够有效提高学生的学习兴趣和效果。学生在自由探索的过程中，不仅能够获得新知识，还能够培养自己的创新能力和解决问题的能力。同时，这种教学方法也能够激发学生的学习兴趣和动力，使他们更加积极地参与到学习过程中。

建构主义的实践远不止于此，美国教育学家、哲学家、反思性教学的研究者唐纳德·舍恩（Donald Schon），在他编著的《反映回观：教育与咨询实践的案例研究》（*The Reflective Turn*）一书中列举了大量的教学案例，说明通过设置教学环境，让学生在其中自由探索，可以极大提升学生的学习热情和认知能力。

我们仍以广告为例，建构主义者的广告思路是给你一幅画面，剩下的靠你自己去思考和搭建。比如"30 年的老味道""钻石恒久远，一颗永流传"，这些广告语其实都是给你一幅画面，让你根据这幅画面自己去建构接下来的场景。这种根据自己的认知和能力所产生的思考的内容更容易让人产生共鸣。

建构主义的教学观点

学习是一个个体化、建构性的过程。如果以建构的方式学习制作菜品，那么学生需要根据自己的口味及认知，选出各种食材，并通过自己的烹饪技巧和创意来制作出更适合自己的菜品。所以，在建构主义者看来，答案并不一定是固定的，1000 个人可能会做出 1000 道不同口味的菜品。所以，建构主义更强调学习者先前的知识、背景和经验等对学习的影响。

学习的目标是提升学习者自主学习的能力、解决问题的能力及批判性思维。在建构主义者看来，学习的目的将不再是考高分，而是通过学习提升解决问题的能力和元认知能力。

建构主义教学观点的应用

建构主义教学观点的应用如下。

- 提供情境化的学习环境，鼓励学习者通过实际经验和探究来主动建构知识。
- 采用基于问题的学习方法，通过提出开放性问题和项目任务，激发学习者的思考与合作意识。
- 强调合作学习，通过小组合作和交流，促进学习者之间的互动和知识共建。
- 帮助学习者反思自己的学习过程和策略，鼓励学习者提升元认知能力。

综上所述，行为主义、认知主义和建构主义是教育学中三种不同的理论取向。行为主义强调外部刺激和奖惩对学习的影响，认知主义关注学习者的思维和认知过程，建构主义强调学习者的主动参与和知识建构。

这三个主流的教育心理学研究理论，被当下广大教育者所接受和认同。其他教育心理学研究理论包括情景主义、联通主义等，这里不做细述。

回到我们对学习的定义上，不管是哪种主义，其实都是在阐述接收信息、加工信息及输出信息这三者之间的关联。行为主义者关注与外界信息的直接输出，通过掌握大量信息来确保输出的稳定性和高效性；认知主义者关注信息本身的加工过程，通过使用大量的方法来确保大脑对信息能够有效加工并找出规律，以确保信息输出的质量；建构主义者更关注个体的独立性，并不严格要求信息的输出标准，而是更关注整个过程中个体学习者的感受和成长。

这三个主义很重要，将为我们后续阐述复盘学习法提供理论依据和可操作范围。

复盘学习法更倾向于哪个主义呢？我认为还是倾向于认

知主义。行为主义过于强调外界输入的价值，而忽略个体的学习感受，对于部分学科知识的学习，还是有一定的借鉴意义的。这个方法虽然有效，但效率却是最低的，我们称之为"慢但有效的方法"。

建构主义往往更加强调个体差异性，所以对处于中小学教育阶段的学生而言，本身的经历、经验、认知与新知识产生连接的过程还是颇具挑战性的。当然，复盘学习法也会充分考虑个体差异性，所以也会强调从自己过往的学习成果中通过复盘找寻答案，建立独属于自己的学习体系，后续我们会详细展开这部分内容。

反观认知主义，则是介于行为主义和建构主义之间的一套学习理论，强调认知的价值，强调找寻规律，强调举一反三的应用。我研究了诸多清华、北大学霸们的学习方法，大体都是在这个体系下进行的。当然，我们在认知主义的基础上也会充分吸收行为主义和建构主义的一些精髓，甚至会引入一些互联网时代联通主义的学习理论来构建一套更适合学习者的学习方法。关于这三种学习理论的比较，如图 1-7 所示。

Stimulus ——→ **R**esponse
刺激　　　　　　　反应

（a）行为主义的学习过程

Stimulus ——→ **O**rganism ——→ **R**esponse
刺激　　　　　　有机体　　　　　　反应

（b）认知主义的学习过程

Stimulus ——→ **O**rganism ——→ **C**ognition ——→ **R**esponse
刺激　　　　　有机体　　　　过往认知　　　　反应

（c）建构主义的学习过程

图 1-7　三种学习理论

💡 第四节　学习的误区有哪些

　　老师和父母总是告诉我们要好好学习，在他们看来，好好学习就是花更多时间去背诵、刷题。但很遗憾，这些都不是真正的学习。其实很多老师和父母自己也不知道学习的真谛是什么，经常会把学习和记忆混淆，把知识和信息混淆。这也是我们本节将要讨论的两个学习的关键误区。

　　你是否有过疑问：为什么上小学的时候，我们很容易拿到高分，而到了初高中阶段，虽然我们投入了更多的学习时间，但分数却不高，为什么拿高分变得越来越难？如果说学习就是花更多时间去背诵、刷题的话，那么初高中阶段的分数也应该高才对。

当然，你可能会说，初高中阶段的知识变难了，所以得不了高分了。但别忘了，虽然知识变难了，但我们也在长大，大脑发育会比小学阶段更加成熟。所以，理论上来说，并不是因为初高中阶段的知识比小学难，才导致我们不容易拿高分，而是因为知识结构的改变并不容易。

回想一下，小学阶段我们所学的知识有限，大部分知识需要靠记忆力来掌握。只要学习者智商正常，且没有偷懒，那么拿到高分并不难。对于这个过程，我们可以称之为信息重现，如图 1-8 所示。

图 1-8 信息重现

在初高中阶段，可以单纯靠记忆力来解决的问题是有限的，我们无法单纯靠记忆力来掌握所有的知识点。

比如语文考试，需要单纯靠记忆力掌握的知识点仅占一小部分，其他包括阅读理解、写作等，这些都不是单纯靠记忆力就可以解决的。所以，当知识点不再单凭记忆力可以掌握时，它就变得似乎不可控，分数也就变得不可控。

现在问题出现了，我们用小学六年的时间所培养的以考记忆力为主的学习方式，到了初高中阶段变得无效了。原因在于，我们混淆了两组概念：信息和知识，记忆和学习。

什么是信息

"信息"是可以用数字、文字、符号、语言等介质来表示事件、事物、现象的特征，从而向人们提供关于现实世界的各种知识和消息。老师课上讲的内容本质上就是信息。

什么是知识

知识通常是指人类对物质世界及精神世界探索的结果

的总和。比如我们读了丹尼尔·卡尼曼（Daniel Kahneman）所著的《思考，快与慢》(*Thinking, Fast and Slow*)，最后掌握了系统一和系统二的知识。

具体来说，知识应包括以下两类内容。

- 外知识：由他人提炼，并被自己所理解的内容。
- 内知识：自己掌握信息后，理解、总结、提炼的具有规律性的内容。

什么是记忆

记忆是人脑对经历过的事物的识记、保持、再现或再认知的过程，它是进行思考、想象等高级心理活动的基础。记忆只是简单地将信息留存于人脑的过程。严格意义上说，记忆本身并不存在理解、整理等行为，就只是简单的信息存储。

什么是学习

学习是知识的获得过程，是一个包括输入和输出的对信息主动进行加工的有意义的过程。

上述两组概念是我们不应该混淆的。

1. 信息不等于知识

从教学者的角度来看，他会习惯性地认为，只要把信息告诉了学习者，学习者听懂了，就可以将信息转化为知识。所以，教学者会花费大量的时间不断重复输入更多的信息，这样做很辛苦，而且收效甚微。

从学习者的角度来看，单纯吸收大量的信息，只会增加负担。如果这些信息相互之间是矛盾的，那么对学习者知识的转化并没有帮助，也不会帮助学习者提高学习成绩。如果我们读了很多书，只是获取了很多信息，却没有将这些信息提炼、转化成规律，也就无法形成属于自己的知识和认知。

2. 学习不等于记忆

有些教育者会秉持着"师傅领进门，修行在个人"的教学理念，去评价学生是否有悟性、是否聪明，而忘了反思自己的传授方式是否有问题。既然学习是把信息压缩成知识，那么传递什么样的信息就变得很关键了。老师应该将一个信息传递 10 遍，还是一次传递 10 个信息？从学习者的视角来看，后者更容易帮助学习者总结提炼出信息背后的规律，形成自己的知识。另外，老师的提问和引导也很重要。苏格拉底曾说："教育不是灌输，而是点燃。"

到了初高中阶段，以记忆和背诵为主的学习方式并不适用。小学生很容易考高分，是因为在这一阶段，信息的获取是重点，加工信息的过程相对较少。真正的学习需要有信息加工的过程，这个过程会重塑大脑连接，最终形成知识。如果缺失了这个环节，学习者就不会把信息转化为知识。中学乃至成人阶段的学习，更侧重信息加工的过程。鲁迅先生曾说："读书要先把书读厚，再把书读薄。"这句话是指先尽可能搜集更多的信息，以帮助你了解问题和答案之间的关系，而当你真正学会时，这些信息就被压缩成了知识。

知识不等于信息，学习不等于记忆。下面我们来看具体的应用场景。

前几天和同事聊天得知，她家孩子小Ａ已经高一了，每天很懒散，不好好学习。不仅如此，同事每次开家长会都会被老师单独留下来谈话，因为小Ａ上课的时候总是睡觉，下课和同学打闹，不认真完成作业，甚至还经常抄写同学的作业。好在小Ａ的成绩还可以，每次考试都能排在班级的十几名。小Ａ说："别担心，你看我平时都不怎么学，考试还能考进十几名，等以后稍微努把力，考上'211'是没问题的，'985'也有可能。"这让同事无言以对，因为实际情况确实如此，甚至就连老师都说："小Ａ非常聪明，只要到时候努把力，成绩很快就会提升。"

在实际生活中，我们身边可能有这样一类学生：他们平时学习非常努力，但成绩却不突出。与之相反的，就是小Ａ这类学生，平时不怎么学习，但考试成绩还不错。为什么会产生这种差异呢？难道真的是第二类学生比第一类学生更有天赋吗？

知识是信息的总结和提炼。我们可以用一个函数来表达，即 $y=f(x)$，也就是我们通过自己内在系统的加工 $f(\ )$，对 x（信息）进行处理，最后得出 y（学习的结果）。那么，如何区分信息和知识呢？关键在于推断。

如果你是文科生，不妨坐下来想一下，你目前的考试内容是需要你通过推断得出答案，还是仅仅靠回忆就可以得出答案。如果答案是靠推断得来的，那么你掌握的就是知识；如果只是靠回忆某个信息，未经过任何加工就得出答案，那么你掌握的就只是信息。

你需要知道的是你要掌握的信息的变体是多还是少，你能否全部记住这些信息。比如司法审查，因为每个案件都有其特殊性和复杂性，所以司法机关会从过去发生过的类似案件的卷宗中寻找规律，并以此为参考来分析和判断当前案件。这其实就是从信息中寻找结果的知识的获取过程。

有些人善于从变量中找到规律，并快速将规律内化，实现举一反三；而有些人更擅长"死记硬背"。

当然，也有一些同学在选择了文科后，发现自己根本记不住，于是要么懊恼于自己选错了方向，要么自暴自弃，觉得自己不是学习的料。

实际上，问题不在于此。如果你选择了文科，有些知识点只需要你用有限的知识储备量去掌握，那么你可以死记硬背；如果需要你用无限的知识储备量去掌握，那么你需要进行扩展阅读，让尽可能多的信息进入大脑，让大脑自动加工、复盘，提炼出有规律性的知识点。这样的过程看似浪费时间，实际上却是文科学习最有效的方法之一。

回过头来，我们再看小 A 的情况。

小 A 可能由于某些原因开始奋发图强了，认为自己没努力都已经取得了这么好的成绩，如果努力的话，成绩肯定会更好。但是我预测，很可能他努力一段时间后会发现文科成绩确实提升了，但理科成绩却提升得非常有限，可能还会有所下降。如果果真如此，那么小 A 会很失落，甚至会陷入自我怀疑。

实际上，最初小 A 并非完全没有努力，他在上课时有跟着老师的引导思考问题，他大声喧哗、打断老师是想要引起老师的注意，向老师证明这个问题他懂。虽然小 A 课后不复习，也不按时完成作业，但当他遇到不会的题时，出于好奇和不服输的心理，他总会花时间去解这道题。其实，他数学成绩好的根本原因并非他聪明，而是这种不经意间的学习习惯让他的大脑自动构造出了泛化能力很强的模型，即找到了信息背后的规律。

不过，当他奋发图强学习文科课程时，由于他并不知道该如何学习，很容易进入纯粹地记忆与背诵误区。他这样做相当于抛弃了让他的理科成绩优秀的习惯而陷入学习困境，所以我们经常看到这类学生的成绩基本处于中等水平。

综上所述，小 A 不是因为聪明，而是他恰好在不经意间"掌握"了学习背后的"道"，而自己又处于"知其然而不知其所以然"的状态，所以看上去好像没费什么劲儿，很有潜力。但实际上，他只是看到了学习方法的一小部分而已。

我们提出的复盘学习法可以帮助学习者把接触过的纷繁的信息，用复盘的方式进行整理和归纳，把信息转化为知识，再把知识转变成（考试）结果；帮助学习者建立学习认知，省时省力地达成学习目标。

下一节，我们将详细介绍什么是复盘学习法。

第五节　复盘学习法

什么是复盘学习法？

复盘学习法不难理解，你一定也不陌生，相信很多人在学生时期都会被老师和父母不断灌输"课前预习，课后复习"的八字经典学习箴言。但这个学习"诀窍"的内容也仅限于这八个字，基本没了后续及详解。

如何做才算是"课后复习"？复习什么？是把老师讲的内容回忆一遍，然后查漏补缺，还是把课堂上的笔记再回顾一遍？

这种方法只能辅助记忆，并不是真正意义上的学习。所以，传统意义上的"课后复习"的作用是有限的。

怎样才能真正发挥"课后复习"的作用呢？这时，我们就需要用到复盘学习法了。复盘学习法可以让我们高效地利用课后时间，通过使用一系列简单、科学的方法，帮助我们用更少的时间把信息转化为知识。

顾名思义，复盘学习法就是以复盘的形式来进行学习的方法，也就是**个人通过对过往学习内容进行回顾及反思，将信息转化成知识并应用的过程**。

我们可以从以下三个方面理解复盘学习法。

第一个关键词是**个人**。学习是个人行为，需要有耐心。所谓耐心，是主动而不是被动的，是一种以结果为导向的积极的力量，而不是毫无作为的静待花开。所以，不管你是成年人再学习也好，还是中学生正在努力也罢；是焦头烂额的父母也好，还是不知所措的老师也罢，最重要的，是唤醒学习者的学习动力。复盘学习法操作起来并不难，关键是要去主动反思，主动构建自己的认知体系，实现真正的学习。因此，我们把复盘学习法也称为**"自律式学习"**。

　　第一个关键词的结论是，与其花费大量的时间和精力在如何努力上，不如让学习者养成自律学习的习惯。如果学习者能够做到，就意味着成功一半了。

　　第二个关键词是**回顾**。这里的回顾有两层含义。第一，回顾所学内容。复盘学习法的核心是把学习过的内容在大脑里回放一遍，仔细观察过程中的每一个细节，这个观察的过程就叫回顾。回顾的目的是反思，找出规律，形成知识。我们通常所说的课后复习，大多也是在做这个动作。第二，回顾过往经历，并将其与学习内容建立起有效连接。比如，我老婆有一次参加单位的一个活动，背诵圆周率，她一口气背出了 99 位，拿了第一名。我问她是怎么做到的，她说："把99 位拆开，通过联想出之前坐过的公交车、家人的电话号码，甚至还有电影中的某些桥段来记忆。"这样一来，她就把一串很晦涩的数字和自己之前的认知进行了有效连接，从而完成了对新知识的记忆。当然，这也仅仅是记忆，但确实非常了不起。后来我逢人就炫耀，我老婆可是能记住 99 位圆周率的"狠人"。

我在教我女儿认"强"字时，我告诉她："这是爸爸名字里的那个'强'。"所以，她后来看到"强"字就非常兴奋，说这个字她认识，念"爸"。虽然这次教育以失败告终，但毫无疑问，这种连接其实是被她建立起来了。

第二个关键词的结论是，学习者首先要做的不是攻克难题，而是先看看自己学了什么，这些内容和自己有什么关联。

第三个关键词是**反思**。学习的核心是把信息转化成知识，需要科学、有效地思考，这个过程就像是整理杂乱的房间。反思的关键在于，不要胡思乱想，要遵照一定的方法，借助一些工具对零散的信息进行梳理、归纳，进而发现信息背后的规律，最终形成知识。这个过程是复盘学习法最核心的内容，能否真正学到知识主要靠这一步。一旦这个过程跑通了，学习就不会是一件吃力的事，也会极大加速 TOTE 模式的推进。

反思的过程一般分为两类，我将其命名为"简思"和"繁思"。

"简思"就是只对信息的表层进行反思，在不求理解因果结构的情况下，简单地将信息进行归类和整理的过程。比如整理房间，我们只需要用各种收纳盒就可以把房间收拾干净。

"繁思"是对信息进行更深层次的反思，是努力理解因果结构，并用其指导以后行动的过程。这就像很多人提到的极简主义的生活方式，在整理、收纳的过程中我们还要思考，有哪些衣服是我们需要的、哪些是我们不需要的，哪些是可要可不要的。可能繁思到了最后，你会发现，衣服有一半需要处理掉（或捐或扔），并且决定以后不轻易买新衣服。

当然，简思和繁思并不存在孰强孰弱之分，只是因为情况不同，所需的思考方式不同罢了。

第三个关键词的结论是，学习者要能清晰地辨别，在所学的信息中，哪些是事例，哪些是答案。我们的大脑会通过事例找出答案和规律，再将其与书本中的答案进行比较和验证。本质上，反思就是先从大量的事例中找出答案，然后再去验证答案的过程。我们在学习的过程中，要能分清哪些是事例，哪些是我们找出的答案，哪些是书本中的答案。

第四个关键词是**应用**。如果仅仅是找到信息背后的规律，其实是远远不够的，我们还需要对规律进行验证。只有经过大量验证后，确定我们得出的规律为真规律时，才代表我们学会了。

信息由大量的事例组成，将信息总结归纳出结论才算是学到了知识。到了应用层面，则要对结论进行验证，这就形成了一个闭环。

第四个关键词的结论是，我们可以通过应用来倒逼学习，即先考试，把考试成绩作为一个参考依据来对过往所学的知识进行复盘。这种方法不仅可以让我们的学习效果更好，而且会使我们学得更轻松。

复盘学习法是以解决问题为导向的学习方法，这种学习方法的好处是让我们的学习动力更足了，因为我们有了更加清晰的学习目标。正如哲学家罗素所说："对爱情的渴望，对知识的追求，对人类苦难不可遏制的同情心，这三种纯洁而又无比强烈的激情支配着我的一生。"

复盘学习法的步骤

简单来说，复盘学习法只需三步，即回顾——反思——行动，如图 1-9 所示。

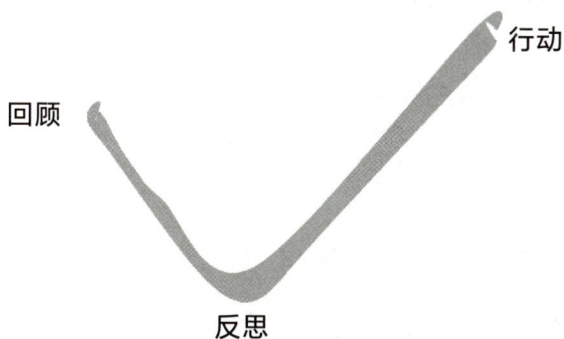

行动

回顾

反思

图 1-9　复盘学习法的步骤

整体来看，这个模型分为三部分。

左边的"回顾"代表过去发生的事情，比如一篇课文、一道题、一个解题思路、一次考试成绩，甚至是某种心情都可以。"回顾"的关键是把信息完整地呈现出来。右边的"行动"代表未来，是我们对未来成果的设想所展开的验证和计划。在这个过程中，我们应遵循的基本原则是以价值成果的产出为导向。中间的"反思"代表我们思考的过程，是连接过去和未来的节点，包括发现优势和不足、总结规律等。反思的核心在于确保思考的深度和广度，确保思考的科学性。

具体来看，我们可以从这个模型中得到如下结论。

第一，过去的经历（信息）和未来的结果并不存在正相关关系。

你会发现，左边的"回顾"是我们已经经历的事情，右边的"行动"是即将经历的事情，两者之间有着很深的鸿沟。这说明过去的行动并不等于未来的行动。我们经常听到有人说自己做了多少道题，看了多少本书，是一个热爱学习的人，但考试成绩并不取决于你做了多少道题和看了多少本书。就算你做了 1000 道题、读了 100 本书，但是如果你没有经过反思，把这些题和书籍中的信息转化为知识，那么这就是无效学习。而学习的关键在于反思，只有深度思考这些信息背后的规律，并且一次次地坚持下去，你才有可能成为真正的学霸，开启幸福人生。

第二，复盘学习法是从过去的事实开始展开的。

如果把学习想象成一幅画面，你觉得会是什么样子的？是一个秉烛夜读的少年坚毅的表情，还是一个在简陋教室里读书的女孩渴望的双眼？不管是什么，学习无一不代表着一种向上的力量、一种奋进的勇气。我们读的每个字、解的每道题，似乎都是为了某个节点的画面而努力的。

虽然学习是面向未来的行动，但我们需要向过去找寻答案。

鲁迅先生说："读书要先把书读厚，再把书读薄。"华罗庚又说："要先把书读薄，再把书读厚。"他们一个是文学家，一个是数学家，好像说的是完全相反的学习方法，但其实背后的原理是一致的。

"先把书读厚，再把书读薄"是怎样一个过程？

这其实是大脑对文科知识的一个学习过程。文科课程信息量大，我们很难通过一篇文章或者一个事件就能快速找到其背后的规律。所以，我们要找到更多与之相关的场景、事例去不断验证书本中的内容。这时，我们要去找更多的课外习题，对我们之前学到的知识点进行扩充，这样才可能发现其背后的规律，进而逐渐形成一个树状的知识网络。

当我们真正吸收了知识，掌握了规律时，我们就可以只记知识点，把例子全部抛下。这时，书就变薄了。

而"先把书读薄，再把书读厚"，体现的则是理科生的学习特点。用一句话概括就是，理科生更关注找到规律之后的应用。所以，"先把书读薄，再把书读厚"，意思就是先快速找到规律，然后再通过规律举一反三。

不管是先把书读厚还是先把书读薄，都需要初始信息的输入，这才是一切学习的根源。

输入初始信息，并将其清晰地呈现，将是我们对规律进行总结、提炼的基础。如果你想考出好成绩，那么第一步不是努力刷题，而是先要看看过去所学的内容，大概率就是我们课本上记录的内容。所以，如果你现在学习成绩不理想，那么你应该先翻阅教材，再做其他。

第三，反思是一个转折点。

如果学习者在课后不去复习、练习、反思，那么设想一下，后果是什么？

我想至少会出现以下几种现象。

- 记不住：学习者对知识的记忆将大幅降低，甚至最终降为零。
- 学不会：学习者可能无法形成深度思考。
- 用不了：学习者无法将其学到的东西应用于实际场景。
- 坐不住：学习者失去了对学习的兴趣。

学习本质上是信息在大脑中"发酵"的过程，是信息加工的过程。所以，输入信息既是前提，也是基础，对已经输入的信息进行反思，将其变成知识才是关键。

第四，复盘学习法的三个步骤是需要严格执行的。

有一个笑话是这样讲的，一个人吃了 10 个包子才饱，他说："早知道吃第 10 个包子能饱，前边 9 个就不吃了。"这样的说法的确很滑稽。复盘学习法也是如此，我们不可能忽略前面的步骤而跳到后面的步骤。但浅显的道理总会被人忽视，比如，我们习惯在课后做大量的试题，可是做完又不复盘，做完一套再做下一套，这样做其实就是期待通过吃"第 10 个包子"来让自己一下子"饱"。再比如，我们读了大量的书，但是读完不去验证，结果就是我们永远不知道自己差在哪里，直至考试的那一天。

复盘学习法就是要按部就班地从过去获取的信息中推导出背后的规律，把信息转变成知识，然后再去验证知识的过程，具体步骤如图 1-10 所示。这种方法不一定见效最快，但一定有用。在下一章中，我会教大家如何使用工具一步一步地实现学习上的飞跃，以及更主要的，认知上的飞跃。

日常学习

考试/测试

未达预期

回顾目标 —有→ 回顾策略 —有→ 回顾行动

无 制定学习目标

无 制定学习策略

整理错题集 | 确定学习模式

分析原因

鱼骨图 | "人事时地物" | "5Why"分析法

总结规律

学习清单 | 规律验证表

不成立

成立

达成预期

呈现信息（思维导图）

输出信息

不清晰

清晰

调节情绪

考试/测试

完成本阶段学习

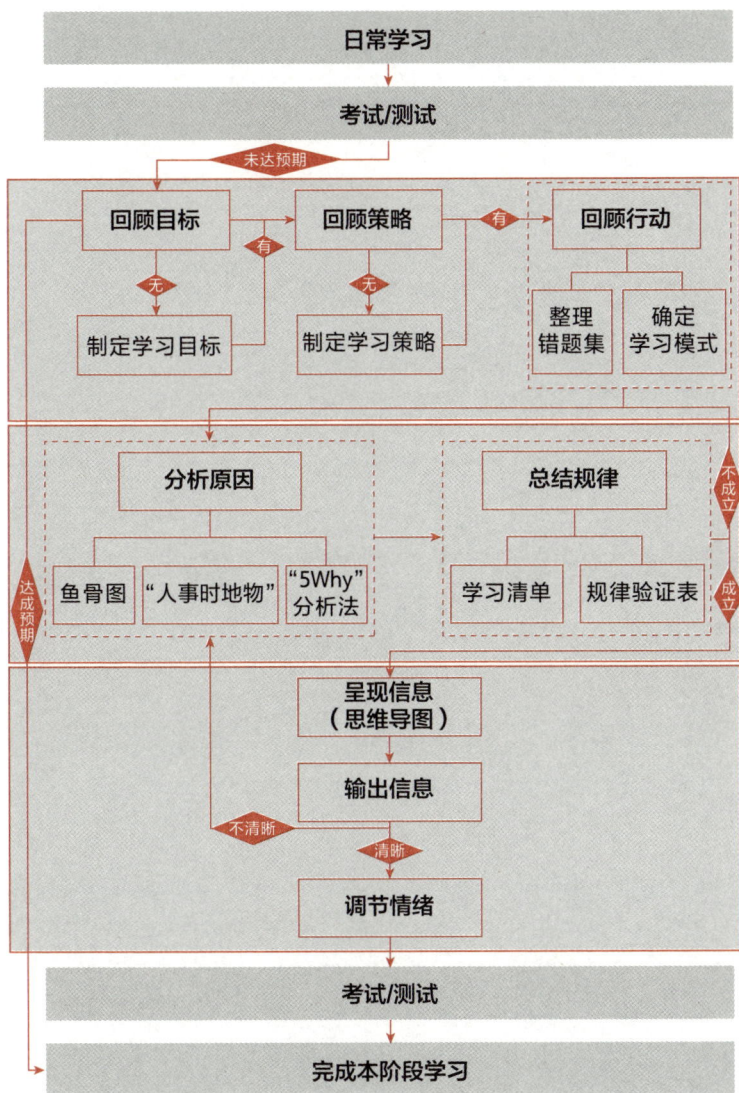

图 1-10 复盘学习法的步骤

第二章

回顾

复盘学习法的第一步，我们称为回顾，也就是把过去发生了什么清晰地呈现出来。与其说回顾是一个动作，不如说是一种态度，一种直面自己或惨淡或辉煌的过去的态度。鲁迅先生曾说："真的猛士，敢于直面惨淡的人生。"能把自己不那么光彩的成绩单拿出来晒一晒、看一看，其实没有想象中那么容易。而在面对比较耀眼的成绩单时，我们也需要用平常心去对待。如果我们真的能够直面过去，那么我们的心情应该是平静的。

诺贝尔经济学奖获得者丹尼尔·卡尼曼在他所著的《思考，快与慢》中提到一个叫"后见之明"的思考误区。"后见之明"是指我们往往不是根据判断过程的合理性来评估一个判断的对与错，而是以结果的好与坏作为判断标准。比如，几次幸运的冒险会给一个不顾后果的领导者贴上"极富远见""英勇果敢"等标签。同样，一次不错的成绩也会让我们误以为自己学得不错。而事实可能是这次考试的内容刚好是我们比较熟悉的，一次考试成绩并不能完全代表我们的真实水平。所以，回顾并不像我们想象中的那么容易。

　　具体来看，在回顾环节，我们需要考虑三个方面的内容：目标、策略和行动。

🔆 第一节　回顾目标

一、有目标的学习才是真学习

有一年过年，在与同学的聚会中聊起了高考，我不禁感到一丝遗憾。当时，子敬同学和我成绩差不多，但考前的最后三个月，我们因为学习目标的不同而产生了不小的差距，子敬的成绩反超我不少。

现在想来，我当初也没给自己设定什么目标，就是下意识地刷难题、大题，期待从这个角度提高成绩。虽然我是文科生，但我数学成绩也不错，我把很大一部分精力放在了数学大题上。而子敬同学的目标比我清晰很多，他就是要在总分上有所突破。他数学成绩一般，语文成绩很好，但历史和政治的成绩很差，所以，在最后的冲刺阶段，他除了巩固优势科目外，花了更多的时间去弥补劣势科目，因为优势科目提高一分，难如登天；而劣势科目提高一分，则相对容易很多。这样三个月下来，子敬同学的成绩有了很大的突破，考上了一所不错的大学，而我则属于正常发挥。

所以，学习目标的清晰度和学习成果之间呈正相关的关系，如图 2-1 所示。

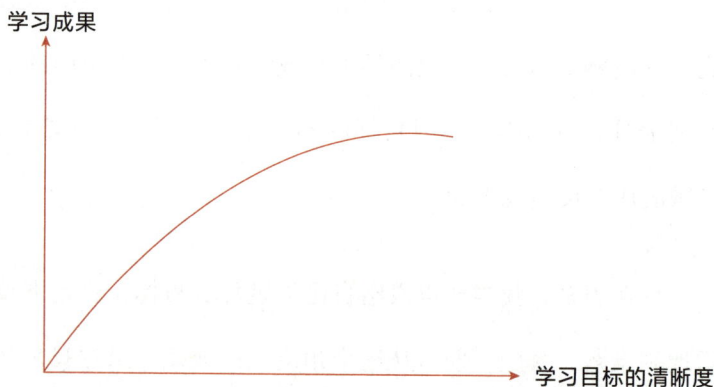

图 2-1　学习目标和学习成果之间的关系

下面举一个例子。

前段时间，正在上初中的洋洋同学期中考试成绩不理想。我问了他一个问题："你的学习目标是什么？"他一脸蒙地说道："学习还要有目标？不就是听老师的话，上课认真听讲，放学回家认真写作业吗？"

经过我的引导，他明确了一个初级目标——考上一所重点高中。

现在的初中生，比我们当年的学习压力要大很多。洋洋的成绩上高中问题不大，但如果要上重点高中，就不好说了，于是我们进行了下面的对话。

我：你的目标是什么呢？

洋洋：上一所重点高中。

我：如何确保百分之百能上重点高中？

洋洋：这个没人能保证，但其实也有可能，就是考进年级前 50 名，前 50 名是可以被保送上重点高中的。

我：很棒，那你行吗？

洋洋：肯定不行，我现在的成绩差太多了。

我：差了多少？你现在是多少名？

洋洋：我们现在不统计分数和名次。

我：那你有办法统计吗？

洋洋：有，我统计一下。

我：那你可不可以挑战一下，考进年级前50名？

洋洋：那太难了。

我：你有信心考进多少名？

洋洋：（思考了片刻）前100名。

我：很棒！前100名是什么概念呢？

洋洋：差不多可以上区重点（高中）了。

我：不能保证上市重点（高中）吗？

洋洋：无法保证。

我：那你还是要努力考进前50名。

洋洋：我肯定考不进前50名的。

我：嗯，理解！有句话叫"取法其上，得乎其中，取法其中，得乎其下"，你明白这是什么意思吗？

洋洋：不明白。

我：也就是说，咱们可以设定一个高目标，哪怕最后达不成，也可能会得到一个中等的结果，那也比之前强很多。

洋洋：好吧。

我：所以，咱们也可以尝试设定一个高目标。如果实现了，我给你奖励；如果没实现，咱们也没什么损失。

洋洋：行吧。

我：我们要细化一下这个目标，也就是什么时候可以达成，如果达成的话，需要考到多少分？

洋洋：大概要 600 分以上（总分 660 分）。

我：好！你要提高多少分？

洋洋：60 分，一年的时间。

我：所以，咱们的目标就变成，截止到明年的这个时候（寒假），你的总成绩要提高 60 分。咱们再细分一下，各学科成绩可以有多少提升空间？

洋洋：好的。

至此，我们完成了一次学习目标的建设工作，后续我们又一起制定了每个学科的提分方法，并画出了重点学习内容。洋洋离开我家的时候很开心，干劲也很足，觉得自己好像一下子就变成了妈妈眼中的"好学生"了。他干劲十足，回去后的表现也大有改观，假期都会主动制订学习计划，稳步推进学习。

当然，在复盘学习法中，我们对目标还有以下两个方面的解读。

1. 分别制定长期目标和短期目标

以洋洋为例，长期目标可以是考进年级前 50 名，然后被保送进重点高中，短期目标可以是一次模拟考试的成绩达到多少分以上。洋洋可以通过模拟考试来找到自己和目标之间的差距，进而制订学习改进计划。当然，一次考试可能还不行，要经过多次考试才能真正了解自己的水平和状态，找到此时的自己和期待的自己之间的差距。

举个例子，北大的一个叫媛媛的女孩，她采用的一套目标思考策略，令人佩服不已。

媛媛是在本科毕业后临时决定考研的，大概也就用了几个月的时间，就考上了北大的法律研究生。媛媛每天有效的学习时间大概只有几个小时，她提出的方法，相信很多人能够借鉴一二。

她的成功主要是因为做了以下两件事。

（1）明确长期目标

北大法律专业研究生的录取分数线在 350 ～ 365 分浮动，要保证自己可以考上的话，总分需要达到 370 分。

媛媛分析了一下，她的英语成绩不太好，也就勉强达到及格线，也就是 60 分；政治成绩也一般，做了几次真题后，基本可以确定能稳定在 70 分左右。那么计算一下，专业课成绩差不多要达到 240 分左右，也就是两门专业课平均分要达到 120 分以上才能稳赢。

（2）明确短期目标

专业课满分是 350 分，要考到 240 分的话，那么试卷上 69% 的题目是媛媛必须会做且能够做对的。于是，媛媛找来了前 5 年的所有真题进行研究，然后把每道真题考的知识点标注出来，发现这些知识点百分之百都在同一本书上。如此一来，她的学习路径就明确了，也就是只要把这本书吃透，成绩就稳了。

于是，媛媛就把考北大的目标具体落实到了吃透一本书上。这样一来，是不是难度就呈几何级下降了？接下来，媛媛选择了"最笨"的方法，就是把这本书里的内容全部背下来。结果是，媛媛考上了北大。

2. 目标要符合 SMART 原则

如图 2-2 所示，我们的目标需要符合 SMART 原则，具体如下。

■ S（Specific）：目标必须是具体的。

- M（Measurable）：目标必须是可衡量的。

- A（Attainable）：目标必须是可实现的。

- R（Relevant）：具体目标要和总目标之间具有一定的相关性。

- T（Time-bound）：目标必须有明确的截止日期。

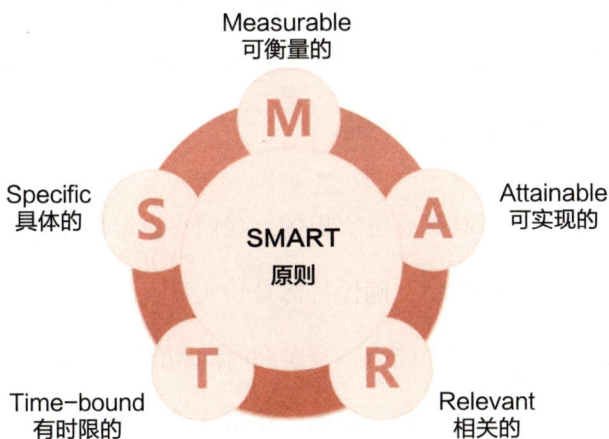

图2-2　SMART 原则

具体解释如下。

第一，目标必须是具体的。我们要使设定的目标清晰、明确，避免使用模糊、笼统的语言。我们需要明确描述出期望取得的具体成果，清楚自己需要做什么。例如，与其设定一个"提高数学成绩"的目标，不如设定一个"数学考 98 分"的目标。

第二，目标必须是可衡量的。我们设定的目标要能够可量化，以便于评估进度和效果。一个可衡量的目标应该具有明确的指标或标准，让我们能够清楚地知道自己的学习进度如何，是否达到了预期的效果。例如，我们可以设定具体想要提高的分数作为衡量标准。

第三，目标必须是可实现的。我们在设定目标时要考虑实际情况和资源限制，确保目标是切实可行的。一个可实现的目标应该与我们的能力、资源和时间相匹配，我们要避免设定过高或过低的目标。例如，在制订学习计划时，我们需要考虑自己的学习能力和时间安排，制订一个既不过于紧张也不过于松散的学习计划。对洋洋这个目标而言，其实可实现性很低，但因为他学习热情还在，也有进步的动力，再加上一些激励手段，所以 600 分也并不是一个完全不可能实现的目标。

第四，具体目标要和总目标之间具有一定的相关性。也就是说，我们在设定目标时要确保它们与个人的整体目标相一致。

第五，目标必须有明确的截止日期。我们在设定目标时要明确时间节点和期限，以便于我们能够有计划地推进学习。

一个较为符合 SMART 原则的举例：截止到 2025 年 12 月 30 日，考试成绩达到 600 分。

我们的学习状态不能因分数的高低而起伏。分数是衡量学习效果的客观指标不假，但目标才是衡量自己行动的核心依据。我们不能把目标和分数混淆。

二、回顾目标常见的问题

其实，并不是每个人都能清晰地设定自己的目标。很多时候，我们真的坐下来回顾目标的时候，又会发现这样或那样的问题。我们回顾目标时常见的问题及解决方案如下。

1. 没有目标

目标是一个很神奇的东西，没有它的时候，好像也无所谓，日子该怎么过就怎么过，书该怎么读就怎么读，好像也没有什么不妥。

一旦设定了一个目标，你就会发现，从此你变得不一样了，你会立刻有了追逐的方向。有目标的人和没有目标的人对结果的热衷程度和执行程度的差别是非常大的，有目标的人会有针对性地计划和行动；而没有目标的人，就像没有指南针在海上航行，结果好与坏，完全凭运气。

如果此刻你并没有学习目标，那么你需要给自己补定一个。也许亡羊补牢，为时不晚。

2. 目标和任务混淆

我跟一个朋友的孩子丽丽说了目标的重要性后，她大为认同，于是回家后立刻设定了一个"每天背 50 个英语单词"的学习目标。这就是错把目标和任务搞混了。

两者混淆后，最大的问题在于，我们后续分析问题的时候，容易一叶障目。因为我们看到的可能更多的是行为有没有完成，而不是结果有没有实现。

假设丽丽每天都坚持背 50 个英语单词，且不说背了后有没有记住，即便记住了，能否更好地应用这些英语单词，进而考一个好成绩，也还是未知。

所以，丽丽在分析原因的时候可能也会困惑，明明自己每天都在坚持，"目标"也达成了，可为什么结果却不尽如人意。

解决方法其实也简单，回到初衷，问一问自己这么做的目的是什么。丽丽的真实目标应该是将英语成绩从原来的 80 分提高到 90 分。而实现这个目标不仅要靠增加词汇量，可能还需要学习语法、练习写作等。

3. 目标不切实际

一个合理的目标是可以激励人心的，而一个不切实际的目标可能会使人无所适从。比如丽丽，满分 100 分的英语试卷，她平时也就考 60 分，如果她设定了一个考过英语八级的目标，那么她很容易中途放弃。

苏联有一位很厉害的心理学家，叫维果茨基（Lev Vygotsky），他提出了"最近发展区理论"，我们可以通俗地理解为设定一个跳一跳就能够得着的目标，这种方法最能够激励人心。

以丽丽为例，如果她平时成绩是 60 分，那么设定一个 80 分左右的目标，相对来说最能激励她持续学习并取得好成绩。

4. 目标不具体

在设定目标的时候，还容易出现的一个问题就是目标不清晰。比如丽丽，如果她设定一个"好好学习"的目标，就完全没有意义，因为"好好学习"无法被量化，也无法被分解执行。

使目标具体化最好的方式就是设定一个符合 SMART 原则的目标，比如，截止到 6 月 30 日，将英语考试成绩从 60 分提高到 80 分。这就是一个清晰、具体的目标了。

三、非考试类的目标

毫无疑问，学习不仅是为了考个好成绩，对于已经参加工作的人来说，更重要的是提升个人能力和认知，这时我们所面临的往往是非考试类的学习目标。

美国教育心理学家本杰明·布鲁姆（Benjamin Bloom）用了很久的时间，研究出了一套关于学习目标的分类方法，可以带给我们一些启示。

接下来，我会结合实际，对每个层级的学习目标进行简要陈述，希望可以帮助你清晰地整理出符合自己预期的、准确的学习目标，如图 2-3 所示。

图 2-3　学习目标的层级

1. 知道。简单来说，知道就是有印象但没真正地理解。比如，我曾经读过一本书叫《高效能人士的七个习惯》(*The Habits of Highly Effective People*)，看完后我并不记得里边具体讲了什么，但是当有人说起"以终为始"时，我马上就能想起来在这本书中看到过这个概念，并且大概知道它的含义。很多人的学习只停留在这一层级，其价值更多的是作为和他人聊天时的一些谈资。

2. 领会。领会是比知道更高一层级的目标。领会的核心在于我们能够根据已经学到的知识构建出有意义的信息，也就是在新知识和已有知识之间建立联系。一般来说，我们的知识学习和为了通过考试的学习，大多集中在这一层级。比如，我们读了一本书，了解了一个概念，然后在考试的时候，能够准确地把这个概念用自己的话描述出来，这就是领会。如果要达到领会这个层级，我们就需要进行大量的理解和记忆，背书是必不可少的一个环节。

3. 应用。简单来说，应用就是我们学习完某个知识，能够将其运用到实际工作和生活中，并使我们的行为得以改善。比如，我们读了关于时间管理的复盘方法的书后，就可以按照书中介绍的方法进行复盘，制订出行动计划并遵照执行，这就是应用。

4. 分析。简单来说，分析就是我们能够站在全局的视角，对整件事进行分析的过程。比如，我们掌握了复盘技能后，当他人复盘时，我们能够按照复盘的基本步骤——"回顾—反思—行动"对他的复盘进行分析，看看哪个步骤他缺失了，哪个步骤他做得不好等。

5. 评价。具体来说，评价有两个标准：一个是检查，另一个是评论。检查是指识别、查看一项工作或意见的内部矛盾或错误。评论是指依据外部的准则和标准，对产品或工作进行判断，是批判性思维的核心。比如一个修车的老师傅，一启动汽车，就能指出车的具体问题出在哪，能告诉你发动机正常工作是什么状态，现在是什么状态，出现问题的原因是什么，等等。

6. 创造。创造是学习目标中的最高层级，它是指在心理上将某些要素或内容重组为不明显存在的模型或结构，从而产生一个"新产品"。比如，我所讲的复盘的内容，就是我将西方的团队反思理论、U 型理论、双环学习模式，以及国内的复盘四步法等诸多理论进行整合，最终得出的一个新的复盘模型。

以上六个不同层级的学习目标对我们的指导意义是，我们要清晰地知道，我们需要达到什么样的学习效果，进而对我们的学习行为有不一样的要求。

💡 第二节　回顾策略

　　回顾的第二步，我们称为回顾策略，也就是看看自己学习和考试的策略是否正确并且得到执行。

　　所谓策略，就是达成目标的一套"打法"。比如，田忌赛马中，孙膑帮助田忌通过调整马匹的出场顺序，最终赢得了比赛，这叫策略。再比如，我们前边提到的子敬和媛媛，他们能够聚焦核心问题，最终取得了不错的成绩，这也是策略，而努力学习不是策略。

　　有一年过年，亲戚带孩子来我家拜年，因为孩子的成绩很不理想，所以希望我能教他一些学习方法，帮助他提高成绩。孩子是初中生，期末考试只考了 400 多分（满分是 750 分），于是我问他："为什么成绩不理想？"他觉得是自己的学习方法有问题，虽然自己挺努力的，但成绩就是提不上去。我接着问他："你的有效学习时间是多长呢？就是那种沉浸式的、很认真的学习状态下的时长。"他想了想，腼腆地笑了笑，没说话。

所以，我给他的建议是，回去后先把有效学习时间提上来，除了在校学习时间，每天至少保证在家有 1～2 小时的有效学习时间，然后我们再说学习方法的事。亲戚一脸不以为然，觉得我讲的"方法"等于没说。而实际上，不管多好的学习方法，背后都有一个基本前提，那就是保证有效学习时间。也就是说，你要真的在学习，而不是坐在桌子前发呆 2 小时，或者一篇 400 字的作文，熬到半夜 12 点还只写了个题目。

有一位教育学家叫卡罗尔（Carole），他提出了一个有效学习公式，这个公式对在校学生和走出校门的成年人都适用。

$$学习程度 = \frac{学习所花时间}{学习所需时间}$$

卡罗尔对该公式做了进一步的拆分，得出结论如下：

学习所花时间＝学习者可学习的时间＋学习者的毅力

学习所需时间＝学习能力（学习者的学习方法）＋理解能力（学习者的智商）＋教学质量（老师的教学质量）

这个公式的全貌应该是：**学习程度＝（学习者可学习的时间＋学习者的毅力）÷（学习者的学习方法＋学习者的智商＋老师的教学质量）**

这个公式揭示了学习过程中的基本策略，也就是关注实际学习时长和学习所需时长。学习程度和实际学习时长是成正比的。也就是说，在其他条件不变的前提下，学习者花费在学习上的时间越长，所获得的学习效果就越好。

在卡罗尔有效学习公式中，有些因素对学习者来说是常量，有些因素是变量，有些因素则是介于两者之间的中间量。常量很难改变，如学习者的智商。而学习者可学习的时间和学习者的毅力是变量，每个人都可以随时随地去改变可学习的时间，使自己的学习效果变好。学习者的毅力也是如此，有的人困了就睡，有的人秉烛夜读，这些行为都是可以通过个人主观能动性进行改变的，这也是父母和老师干预最多的地方。而教学质量和学习方法介于常量和变量之间，也就是可变，可不变。

卡罗尔有效学习公式只是描绘了理想视角下的学习效果。但它忽略了另外一个因素——"情感因素"对学习者的影响。那些学习者花了很长时间才准备好的事情，很容易会因为一次情绪失控而被全部推翻。

比如洋洋，他有几次考试成绩不理想。据他自己说，有好几次是因为考前紧张导致的。因为他父母灌输给他的理念是："我们几乎花光了所有积蓄，为你营造了良好的学习氛围，你如果学不好，就是对不起父母。"因为过于在乎父母的言论，导致很长一段时间，洋洋无法进行沉浸式学习，并且一考试就紧张，而一紧张就容易出错。

对于这种效应，我们称之为瓦伦达效应。这个效应得名于美国著名的钢索表演艺术家瓦伦达，他因为在一次重大表演中失误而丧生。他的妻子后来透露，瓦伦达在这场演出前过分关注结果，不断告诉自己：这次演出很重要，只能成功，不能失败。这种对结果的过度关注，导致他心态失衡，最终影响了他的表现。

另外，学习环境也会影响学习者的情绪。一个嘈杂的环境肯定不如一个安静的环境更能让人沉下心来；一个独立的空间肯定比一个开放的空间更容易让人静下心来；一个有序摆放的书桌比一个杂乱堆砌的书桌更容易让人集中精力学习……这些外在因素虽然重要，但并非主要矛盾。有时候家长因为想不到别的方法去帮助孩子学习，会花太多的精力在环境打造上，倒也大可不必，只要适度、量力而行即可。

我们不妨结合卡罗尔有效学习公式，定义一下学习成果的公式。

学习成果＝E（学习所花时间 ÷ 学习所需时间）

（E代表情绪）

E（ ）是函数，特指学习者的情绪反应所带来的结果的变化，因为情绪确实会创造奇迹，也会毁灭奇迹。可能学习者因为强烈的成功欲望，进而激发大脑思考，在考试前1小时，忽然就能记住所有的知识点；当然，学习者也可能因为一次强烈的情绪，导致所有努力全部落空。

在复盘学习法中，关于回顾策略，我们要考虑的因素如下。

- 学习者所花费的时间是否足够？
- 学习者的毅力或者动机是否足够？
- 学习者的学习方法是否有效？
- 老师的教学质量是否好？
- 学习者的智商如何？
- 学习者的情绪如何？

我把卡罗尔有效学习公式中提到的各种变量和中间量做

了一个汇总的小工具，形成了一个操作简单的评价表（见表2-1）。我们在实际回顾策略的时候，可以按照这个评价表画钩即可。

表 2-1　回顾策略评价

	回顾策略	评价		
1	我的有效学习时长	较多	一般	较少
2	我的学习动机	动机充足，能自我激励	动机一般，需要他人督促	动机很弱
3	我的学习方法	有切实可行的学习方法	偶尔使用一些学习方法	没有明确的学习方法
4	老师的教学水平	老师讲得很好，我学得很轻松	老师讲得一般，我需要多付出一些精力才能学会	老师讲得很不清楚，我完全听不懂
5	我的智力水平	我非常聪明，过目不忘，智力超群	我的智力水平一般	我的智力水平较低，大多数人轻易能理解的东西，我却理解得很困难
6	我的情绪状态	兴奋，超常发挥	平静，正常发挥	焦虑，失常发挥

我们以小凯为例，他的成绩差不多是满分分数的一半，他所在的学校还不错，虽然不是市重点，但也是区重点。那么在回顾策略过程中，我们可以用排除法去分析小凯考试成

绩不理想的原因。

第一，小凯的智商肯定是没有问题的。第二，学习方法解决的不是基本面的问题，如果没有采取有效的学习方法，那么学习者的考试成绩可能是 60 分；而采取了有效的学习方法，学习者可以将分数提高到 90 分，甚至 100 分。所以可以推断，小凯的学习成绩肯定和学习方法有关系，但这应该不是核心问题所在。第三，关于教学水平，小凯的父母表示，课外辅导班、网课，自家孩子一个都没落下。第四，学习毅力是以学习时长为基础去定义的，只有时间足够长，才能说明毅力在起作用。由此可见，最能直接影响小凯学习成绩的因素就是学习时长。所以，我给出的建议是，先保证有效学习时长，再考虑其他。

结合学习成果的公式，我们就可以对很多学习者的学习成果进行分析了。

比如，小明平时学习很努力，也很认真，每天学习到很晚，成绩一直处于中上水平，可是一松懈成绩就会下降，该如何解决？

小丽平时回家连作业都很少写，有时上课还睡觉，但每次考试成绩都还不错，可是想提高分数却很难，该如何解决？

小龙是老师眼中的聪明学生，学什么都很快，自己也很认真努力，但考试成绩总是不理想，该如何解决？

小兰不喜欢语文老师，导致她语文成绩一直很差，该如何解决？

如果我们用学习成果的公式来思考以上这些常见的问题，会不会思路一下子就开阔了？如果你是学生家长，那么至少不会像之前那样，逼着孩子熬夜学习或者花重金打造"学习房"了吧。

第三节　回顾行动

回顾的第三步是回顾行动，就是看我们在学习过程中的具体行为。这一步的关键有两方面内容：一是回顾学习方式，二是回顾学习成果（不仅要回顾做错了的题目，而且那些碰巧做对了的题目也应被关注到）。

一、学习方式的回顾——吸收信息的三种不同模式

一般来说，家里的家具组装工作都是男人负责。可是说来惭愧，我家却刚好相反，这种组装的活基本都是我老婆来做，原因是我看不懂说明书。

究其原因，主要在于我和我老婆接收信息的方式不一样。我更习惯先自己动手做，等自己鼓捣得差不多了，然后有不懂的地方，再去看商家发的视频或者说明书。这样一来，时间就会很长，而我老婆看完说明书后，很快就能安装好。久而久之，为了提高效率，她就直接上手了。

为什么有些人只要上课听老师讲，他就懂了，回去只需花很少的时间去复习，就能取得不错的成绩？为什么有些人平时不好好听课，考试前认真看一遍教材，也能有个不错的成绩？而有些人总是要在不断刷题后，才能取得不错的成绩？

这其实涉及我们学习过程中一个非常重要的模式——VAK 模式，这是我们在分析原因的时候，应该第一个关注的模式，如图 2-4 所示。

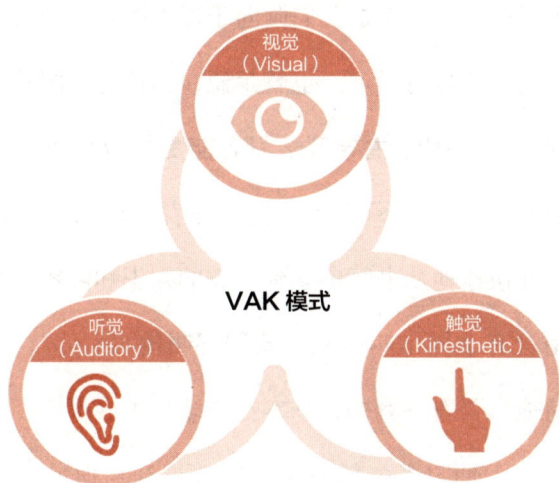

图 2-3　VAK 模式

（一）什么是 VAK 模式

VAK 来自神经语言程序学领域，简单来说是由三个英语单词的首字母缩写构成，分别是视觉（Visual）、听觉（Auditory）和触觉（Kinesthetic）。这三个字母代表了人们最常用的接收信息的三种过滤系统，也是人们接触世界的主要途径和方法。

V代表视觉，意思是我们倾向于通过图片、图表、视频和其他视觉媒体进行学习。也就是说，当信息以图片、图表等形式呈现时，视觉主导型学习者能更好地吸收和转化信息。我发现，很多学霸都是这类学习者，他们能快速地阅读书籍，并快速地从书籍中学到相关的知识和内容。大学期间，同宿舍有个同学叫程先，我们都叫他"大仙"，因为每次考试前他只要看一看书，基本上成绩都不会很差；而我花的时间比"大仙"多一倍不止，但效果却连他的一半都不如。很显然，我肯定不是视觉主导型学习者。

A代表听觉，意思是有些人通过听来学习是最舒服的，效果也最好，如听讲座、听播客、听有声读物等。也就是说，听觉主导型学习者更喜欢的信息接收方式是听，他们对声音的反应最好。比如，在讲座或小组讨论中，发表自己的观点，或者将某些内容重复讲给他人听，这样做会对自己很有帮助。

K代表触觉，意思是学习者更喜欢通过身体互动进行学习。也就是说，触觉主导型学习者更喜欢物理体验，更喜欢

"亲力亲为"的方法，对能够触摸或感觉到的物体或学习道具的反应很好。比如，当我看一本书时，我一定要在书上写写画画，这样才能很好地理解和记忆。

当我们开始探索 VAK 模式时，请记住，我们只会更偏向于应用某种模式。比如我自己，虽然是典型的触觉主导型学习者，但这并不代表我不会应用其他两种模式。

（二）如何识别自己的 VAK 模式

接下来，我们分别对不同类型的学习者的外在表现、经常喜欢说的话及学习方式一一加以说明。

1. 视觉主导型学习者

视觉主导型学习者的外在表现如下：

- 对口头指示不敏感；

- 整洁、有秩序；

- 谈话时习惯抬头看；

- 更愿意阅读，而不是倾听；

- 通常不会被噪声所干扰；

- 更喜欢一对一的互动；

- 比较容易记住看到的，而不是听到的。

视觉主导型学习者经常喜欢说的话如下：

- 我明白你的意思；

- 我有一个模糊的概念；

- 现在就看她说什么；

- 我可以想象到那个画面；

- 我们必须关注这个问题；

- 这是我的观点。

视觉主导型学习者在学习过程中的学习方式如下：

- 对笔记进行颜色编码；

- 习惯使用图片和图表；

- 使用图表来编写大纲和做笔记；

- 记住看到的，而不是听到的；

- 通过将单词视觉化来提高拼写能力；

■ 使用图片和思维导图进行记忆。

2. 听觉主导型学习者

听觉主导型学习者的外在表现如下：

■ 容易被噪声分散注意力；

■ 健谈，且喜欢自己的声音；

■ 通过倾听来学习；

■ 对书面指示不敏感；

■ 思考时自言自语；

■ 会记住谈话内容。

听觉主导型学习者经常喜欢说的话如下：

■ 说来也是；

■ 闻所未闻；

■ 告诉我；

■ 听起来不错；

■ 请说明这一点；

- 我想听听你的意见。

听觉主导型学习者在学习过程中的学习方式如下：

- 用音频工具记录信息和回放信息；

- 参与讨论；

- 请人读给自己听；

- 通过提出问题进行练习；

- 大声朗读。

3. 触觉主导型学习者

触觉主导型学习者的外在表现如下：

- 不会长时间坐着不动；

- 谈话时要站得近一些；

- 通过触摸来引起人们的注意；

- 着装更注重舒适性，而非外观。

触觉主导型学习者经常喜欢说的话如下：

- 掌握了；

- 抓紧时间；

- 把握住自己；

- 坚守在那里；

- 挖掘我们的资源；

- 我可以掌握这项技能。

触觉主导型学习者在学习过程中的学习方式如下：

- 学习过程中多休息；

- 角色扮演；

- 做实验；

- 走路、跳舞、运动时记忆力更好；

- 步行并阅读自己所写的提示卡。

我们可以观察自己平时的状态，以此判断我们更倾向于哪一种学习模式。当然还有更简单的方法，就是测试。下面是 VAK 模式的一套测试题（如表 2-2 所示），你可以先做一遍，初步判断自己属于哪种类型的学习者。当然，这套测试题只能作为参考，日常学习中的观察才更加可靠。

表 2-2　学习者类型测试评分表

视觉主导型学习者	评分
（1）我喜欢书面说明，不喜欢口头说明	
（2）我发现幻灯片与电影有助于我对课程的了解	
（3）阅读一本书比听老师讲述更能让我记住重点	
（4）我需要抄写老师写在黑板上的范例，以便课后再复习	
（5）我喜欢课本中附有图表及图片，因为它们有助于我对教材的理解	
（6）我只要大略浏览，便可找出作业中的错误	
（7）我比较喜欢看报纸，不喜欢听新闻	
总分：	
听觉主导型学习者	**评分**
（1）听老师讲会比阅读课本记得更多内容	
（2）当我专心听讲时，我不必写笔记就能记得重点	
（3）我喜欢老师要求随堂考	
（4）我比较喜欢听新闻，不喜欢看报纸	
（5）我喜欢口头说明，不喜欢书面说明	
（6）当我要了解一个短篇故事时，我比较喜欢听音频	
（7）我用听的方式便可以记下电话号码	
（8）我写东西时需要大声念出来	
总分：	

（续表）

触觉主导型学习者	评分
（1）我发现写字有助于记忆	
（2）我喜欢在研读时吃零食或者嚼口香糖	
（3）我擅长玩拼图玩具与迷宫游戏	
（4）我通常要写下电话号码才能记得起来	
（5）我喜欢在听新闻或广播时手边有一支笔	
（6）我需要列出我要做的事，以便记下来	
（7）我在记某些东西时，需要到处走动才能将内容记得更好	
总分：	

评分标准：
依直觉和实际情况填写 1～5 的数字。1 代表不曾如此，2 代表很少如此，3 代表偶而如此，4 代表通常如此，5 代表总是如此

测试结果：
分数越高，代表学习模式越接近此类型

所以，正在纠结于学习方法的你，此时此刻，不妨先来评估一下，自己的大脑更喜欢的信息接收方式是什么。这是我们要做的第一个维度的分析。

二、学习成果的回顾——错题集

其实，不管小升初还是中考、高考，甚至是很多社会性考试，知识点基本不变，变的永远是题型。虽然考试中绝大多数题目是我们没有见过的，但大概率不会有我们没见过的知识点。

知识点就像一只小老鼠，总是会钻进我们意想不到的角落，需要我们通过解答更多的题目去找到它。然而，很多人会迷失在寻找的过程（做大量的题）中而忘记了寻找的目标（找知识点），这就是典型的舍本逐末。

知识点有很多，有些是我们已经找到的知识点，直观表现就是那些我们总是不会做错的题目类型。而那些隐藏在角落中的知识点才是关键所在，直观表现就是那些我们做错的题。每道错题背后都至少有一个或几个知识点是我们没有完全掌握或者被我们所忽略了的。

所以，最快补齐知识点的过程，就是从错题中挖掘知识点的过程。唯有会的题目越来越多，考试成绩才会有所提高。基于此，我们每个人都需要一本属于自己的"错题集"。

我和中学同学小松在提到错题集时，他说他也整理，就是在试卷上标记一下。但这样做，过段时间再寻找起来太费事。

小松说，整理错题集太费时间了，得不偿失。实际上，我们可以直接把试卷上的错题剪下来，粘到本子上，或者拍照，给照片编号，在电脑上建个错题集文件夹，也是可以的。

错题集整理好后，我们需要引入一个管理中常用到的法则——二八法则。

二八法则，最初是由意大利经济学家维尔弗雷多·帕累托（Vilfredo Paerto）在研究财富分配不平等时提出的，如图2-5所示。这一法则表明，在任何一组事物中，最重要的只占其中一小部分，大约20%，其余80%是次要的。

图 2-5　二八法则

将二八法则应用到学习中就是，考试中我们 80% 的丢分都源自我们没有掌握好的 20% 的知识点。如果我们把精力放在复习这些知识点上，就会事半功倍。当然，要想再进一步提高成绩，别的知识点也不能丢下。

整理错题集的步骤其实很简单，共分为三步。

第一步，收集。把所有错题都收集起来，然后归纳到一个笔记本上，最好是一个学科一个笔记本，这样我们在后续复习的时候，就会更加有针对性。

第二步，归类。对错题进行标记，搞清楚它属于哪一类错题，还要判断一下，这类错题对应的是关键的 20% 的知识点，还是不重要的 80% 的知识点。

第三步，翻看。定期拿出来看一看，尤其是考试前更要看，边看边迭代，逐渐减少错题的数量。

那么，我们看多少次合适呢？还记得我们前面讲的TOTE 模式吗？在这个模式的基础上，我建议最少看三次。

第一次，可以在错题后边标注"①"。

第二次，不看解题过程，自己做一遍，如果做对了，就标注"②"。

第三次，同样不看解题过程，过段时间再做一遍，如果做对了，就标注"③"。标注"③"后，就可以把这道题从错题集中剔除了。

还有一种情况，就是你怎么都做不对，那么你就要去找老师、同学帮忙了。如果还是做不对，就要果断放弃。等到所有错题都被"消灭"了，回过头来再找它"算账"。千万不能钻牛角尖，因为这样太浪费时间了。

为了帮助大家更好地应用错题集，我特意设计了一个错题集应用工具，如图 2-6 所示。大家可以打印出来，每次回顾按照这个流程做就可以了。

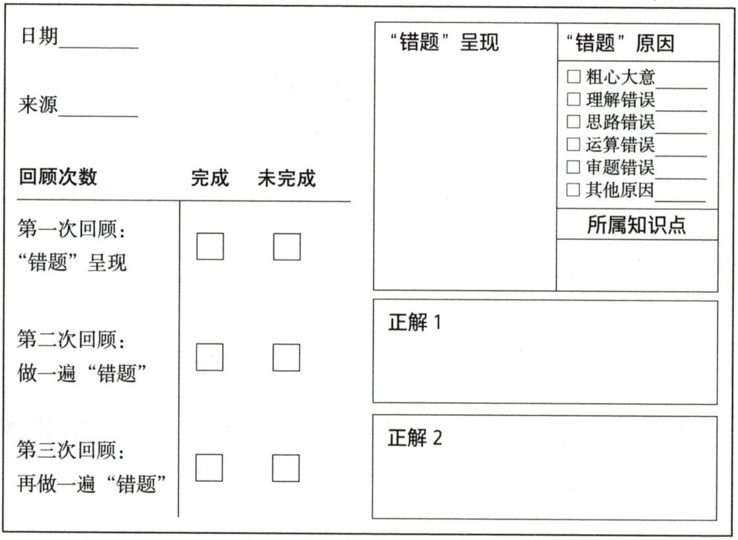

图 2-6　错题集应用工具

我们通过对学习目标的思考（或设定），对学习策略的分析，以及对学习行为的呈现，把复盘学习法的第一步回顾介绍完了。

　　这一步在整个过程中非常重要，既是基础，也是核心。

在这个基础上，我们再进行复盘学习法的第二步——反思。

第三章

反思

复盘学习法的第二步，我们称之为反思，也就是针对过去发生的学习行为进行深度思考和总结。我们在前文提到过，信息不等于知识，学习不等于记忆。其核心强调的就是，信息在进入大脑后，大脑对信息的加工和理解的过程才是学习的过程，才是形成知识的过程。但此时此刻，我们又会面临几个不得不思考的问题：大脑更喜欢什么样的信息？大脑是如何加工信息的？大脑总结规律一般会用到哪些方法？只有把这些问题搞清楚了，我们才能让学习得以发生，才能事半功倍地学习。

小琴在小学阶段，学习成绩一直不错，但上了初中后，因为没有适应初中阶段的学习节奏，再加上她进入的是一所重点初中，所以顿感压力很大，学习成绩更是一落千丈，即从小学班级前 3 名，跌落到了初中倒数几名。第一学期期末考试，小琴好几门成绩都是 C。小琴是个要强的孩子，她非常伤心，拿到成绩后，把自己关在房间里不出来。小琴的父母虽然生气，但也担心孩子的情绪，于是安慰了好一会儿，才让小琴的心情好了一点。

乐乐和小琴的情况相反，他在面临新的学习环境时很快适应了新的节奏，成绩一路飙升，用他父母的话说，就是"开窍"了。乐乐的期末考试成绩有好几门都是 A，这让之前成绩总不理想的乐乐大喜过望。父母也很开心，奖励了乐乐一套很棒的乐高积木。乐乐也暗下决心，不能骄傲，下学期要加倍努力，再考出好成绩，让父母更开心。

其实，对学习者来说，不管成绩忽然下降，抑或提升，如果没有后续的思考和行动，那么无论成绩好坏都没有意义，甚至你多学 2 小时和少学 2 小时，差别都不大。

也许有人会提出疑问：某位同学就是因为每天多学了 2 小时，最后成绩提高了，这是怎么回事？还记得我们之前提到的，学习不等于记忆吗？

小琴可能伤心过后开始努力学习，每天比平时多学 2 小时，成绩可能确实提高了。但提高的原因，是她确实掌握了知识点，还是仅仅记住了信息？如果只是记住了信息，那么很遗憾，下次考试，如果换一些题目和考点，可能小琴就会被"打回原形"了。信息是无穷的，而知识点是有限的。我们追求的是有限的知识点，而不是无穷的信息。

关键是要反思，小琴应认真思考：是什么原因导致了成绩不理想？如何克服这个因素？接下来应该做些什么，让自己的成绩得以提高？同样，乐乐在开心之余，也要仔细复盘，自己做对了什么，让成绩得以提升？做对的这些事情是否可以有延续性？如果可以，自己应如何保持这种延续性？

不管是学习者还是监督学习者的父母、老师，千万不要用"要努力"三字经去让学习者面对和解决任何事情。学习是个技术活，不能蛮干。

第一节 分析原因

一、如何分析原因

在复盘学习法中，我们尤其应该关注分析原因这部分内容。在这个过程中，有两个问题是我们不得不去思考的。

1. 如何确保找出的原因是全面的

我们经常用盲人摸象的故事来形容一个人见识片面，不能全盘地思考一个问题。而实际情况呢？站在盲人的角度，他们又何错之有？如果没有一个耳聪目明之人引导，可能这几个盲人都不会认为自己有错。

造成一个问题的原因有很多，有些是一眼就可以看到的；有些却隐藏在某个角落，需要我们进行深入思考；甚至还有一些原因需要别人给予帮助或提示，我们才可以找到。我们就像那些盲人，都认为自己已经看到了事物的全貌。但不同点在于，在盲人摸象的故事中，有个耳聪目明之人告诉了大家正确答案，而我们在实际分析问题的时候，却很难会有这样一个"智者"来告诉我们思考的内容是否全面。实际上，也不会有任何一个人能够自信地说出自己知道问题的全部原因。

如何能确保我们找出的原因是全面的呢？这就需要我们使用一些问题分析的专业工具了，这些工具能使我们分析的角度尽可能多。

2. 如何找出问题的主要原因

这个问题和前面的问题是紧密相连的。当我们能够找出一个问题产生的诸多原因时，怎么才能确定其中某个原因是使问题发生的最主要的原因呢？第一，我们应尽可能多地找出一个问题产生的原因，虽然未必能穷尽，但应尽可能多。第二，当我们有了足够多的数据后，就可以找到相关领域内的专家，大胆地去假设这个问题产生的真正原因是什么了。当然，很多时候，当我们能够将足够多的原因列出来时，我们自己也可以很容易发现这个问题产生的根本原因。

我们需要特别谨慎地利用一些科学、合理的分析工具来帮助"局中人"全面、合理地分析我们所遇到的问题。

二、分析原因的工具

1. 鱼骨图

鱼骨图又叫石川图，是由日本管理大师石川馨先生发明的。鱼骨图是一种发现问题根本原因的方法，它也可以被称为因果图，如图 3-1 所示。

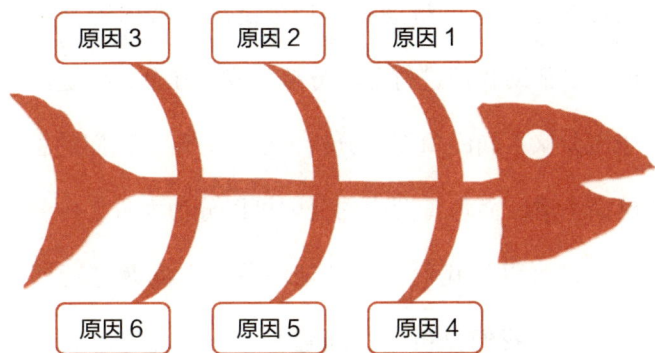

原因3　原因2　原因1

原因6　原因5　原因4

图 3-1　鱼骨图

鱼骨图清晰地表明了问题产生的各种原因，使决策者对问题有整体性的把握。

鱼骨图的作用

我们在表述一个问题的时候，有时会因为思维混乱而导致不知道自己在说什么，别人更不清楚我们在说什么。其实，很多人的思考过程都是杂乱无序的，很难形成有效的沉淀，进而得出清晰的结论。而鱼骨图则能够将我们杂乱无章的思考内容捋顺，并形象地展示出来。这样一来，就可以让我们的思考力变得更活跃，让我们的分析更有理有据。

鱼骨图除了可以帮助我们把散乱的思考内容整合重组外，还可以帮助我们进行逻辑分析。我们在分析问题的过程中，往往会从不同的角度去分析，很多时候，我们的思路会变得模糊不清。而鱼骨图中的要因可以分为大骨、中骨、小骨、孙骨，可以让我们很清晰地沿着一个问题进行深入思考。比如，当我们分析一个问题时，我们首先想到人的因素，那么在中骨上，就会写出人，而在小骨上，我们又可以在这个前提下深入思考所有和人相关的影响因素。这是一个非常清晰的总分结构。这种结构配合着图形化的展示，让我们的思考总能沿着一个固定的路线和逻辑进行。当然，我们在分析问题的时候，可以按照"人机料法环""人事时地物"等维度分析，也可以按照整个工作的时间轴进行分析，如工作前、工作中、工作后等。不管是哪一种维度，都可以让我们在一个非常清晰的逻辑层次下深入思考。

如何画鱼骨图

大体来说，鱼骨图的绘制主要包括以下三步。

第一步，列出需要解决的问题，并将这个问题写在鱼头处。一般来说，我们只有在想对策的时候，才会将鱼头向左画，而在进行问题分析的时候将鱼头向右画。我们在复盘过程中，主要是分析问题，所以要将鱼头向右画。

第二步，共同讨论问题出现的原因，我们可以采用"人机料法环""人事时地物""5W1H"①等方法，尽可能多地找出原因。我们应做到畅所欲言，也就是每个人都积极地去思考，并将思考的内容表达出来。这样，我们才能实现真正的集思广益。切记，不可以把这个环节变成某人的表演秀，因为这样就失去共同讨论的意义了。

第三步，将原因进行分组，在鱼骨图上标出来。我们在分析一个问题的原因的时候，有时候大脑思维会比较发散。这时，我们一定要能够将发散的内容整合到鱼骨图中。如果两根中骨能够涵盖，那么就罗列两根中骨；如果两根中骨不能涵盖，就罗列三根，在此基础上进行延伸。

---

① "5W1H"代表对象（What）、场所（Where）、时间（When）、人员（Who）、原因（Why）、方法（How）。

现在请拿出一张纸，想一想，我们要分析的问题是什么么。然后画出鱼骨图，写出问题，开始尝试进行深入思考。

2. 人事时地物

我们在画鱼骨图时，需要把鱼的几个大骨内容填写全。或者说，我们要去思考，应该从哪几个维度去分析问题。我们可以用到很多分析工具，最常见的就是"人机料法环"，但其实我更推荐使用另外一个方法，即"人事时地物"。

"人事时地物"和鱼骨图的关系就如同西红柿和鸡蛋、番茄酱和薯条一般，即提起一个，总会让人不由自主地想起另一个。

人

这里所说的"人"，指的是在整个问题发生过程中可能涉及的所有人，包括我们自己，我们的老师、父母、同学，以及其他任何和我们有接触的人。当我们遇到问题时，自我反思是很好的一个习惯，但如果只分析自己的原因，那就远远不够了。

小琴上了中学后成绩下滑，我们可以从不同相关的人身上去分析原因。

- 小琴自己：学习方法未改进，导致成绩不理想；学习心态不好，每次考试都紧张；最近沉迷于游戏，导致成绩不理想。
- 小琴的老师：刚刚大学毕业，教学经验不足，其讲解的知识点理解起来稍有困难。
- 小琴的校长：学校的教学理念比较开放，提倡快乐教学，更关注学生学习态度的变化，而非成绩的提升。
- 小琴的父母：只关注成绩，不关注小琴的成长；总是给小琴很大的学习压力，让小琴没办法专心学习；给小琴报了很多课外兴趣班，使小琴的学习时间变短了。
- 小琴的同学：考试当天，小琴的同学和小琴闹别扭了，导致小琴心情不好，两个人的考试成绩都不理想。

　　根据经验，"人"在整个问题分析中，所占的比重是最大的，后边很多问题的分析最终或多或少会落实到人的层面上。所以，在鱼骨图中，关于这部分的内容需要格外关注。我们可以把人的情况再做进一步细分，包括人的技能、人的态度、人的意愿等。比如，小琴考试成绩不理想，原因可能是小琴的学习能力不够，或者是学习方法不对，又或者是小琴不愿意学习，如图3-2所示。

　　这样一来，我们就可以把一个看上去很大的问题拆解开。光"人"的因素，我们就能从多个维度去分析出原因。

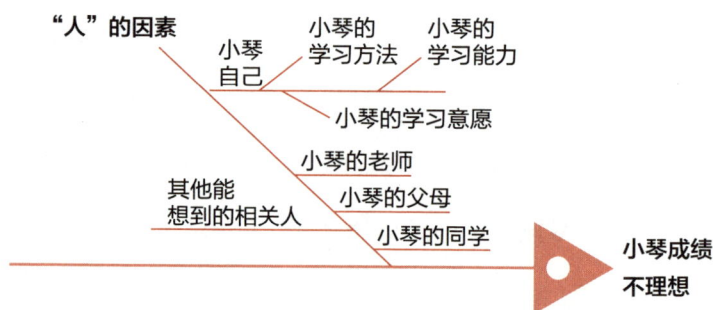

图 3-2　小琴成绩不理想的"人"的因素

事

这里所说的"事"，不仅是指发生了什么事件，同时也包括事件的性质，以及事件本身所涵盖的事件群。下面我们一个一个来分析。

事件。在复盘学习法中，事件包括预习情况、课堂听讲情况、课后复习情况、考试的错题情况等。

我们要能够把这些事件说明白，这是一件看似简单而实际并不简单的事。快速、准确、明晰地描述，是解决问题的核心要求。

下面我们介绍两种快速把事件说清楚的方法。第一种方法是"输入—输出"句式，即如果你做了一个动作（输入），就能获得一个结果（输出）。比如，"我遇到填空题，就不知从何下手"。这就是典型的"输入—输出"句式。第二种方法是"二维定位法"，这种方法我们用得也比较多，因为很多时候，对于我们用一句话说不清楚的事，如果用一个熟悉的概念来形容，效率会高很多。比如，我们会说"我一考试，就像没头的苍蝇""听老师讲课，对我来说如坐针毡"
等，都属于这种方法。

事件群。我们要把事件本身进行详细的分解，使其可以
更加明确和具体。其实，很多时候，我们所面临的一个复杂
的事件是由很多简单的小事件组成的，所以我们需要将复杂
的事件分解成事件群，使之成为简单的小事件群，这样分析
起来就容易多了。比如，小琴成绩不理想，这可能是由于小
琴课前没有好好预习，课上没有认真听讲，课后没有好好复
习，也没有对错题进行分析造成的，如图 3-3 所示。

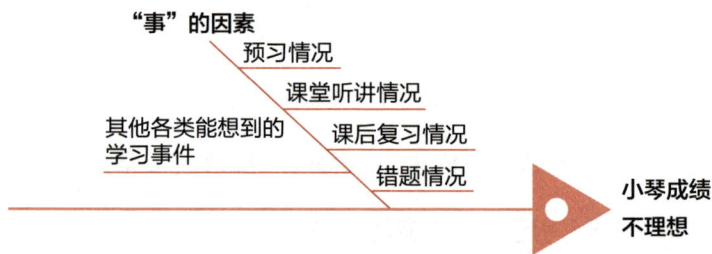

图 3-3　小琴成绩不理想的"事"的因素

时

这里的"时"是指时间因素。时间因素包括但不限于具体的学习时间、持续学习的时间、学习时间的分配等内容。比如，小琴成绩不理想，是因为她每天晚上都8点以后看书，小琴可能在早晨学习效率更高；或者是小琴每天的有效学习时间不够（不足2小时）；抑或是小琴将学习的大部分时间都用在了她喜欢的语文科目上，而忽略了其他科目的学习，如图3-4所示。

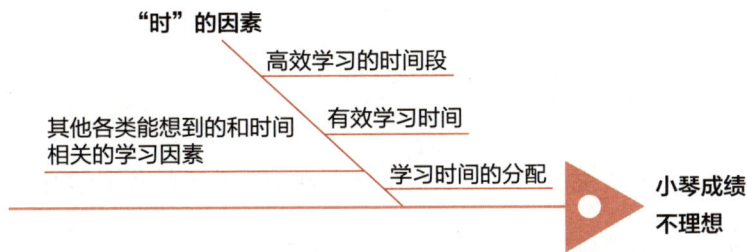

图 3-4　小琴成绩不理想的"时"的因素

地

这里所说的"地"是指环境，主要是氛围、场域等相关因素。"地"可以分为四类，即学校的办学理念、班级的学习氛围、家庭的学习环境、个人的情绪。比如，小琴成绩不理想，可能是因为她所在班级的学习氛围不够好；也可能是因为考试当天，小琴心情不好，如图 3-5 所示。

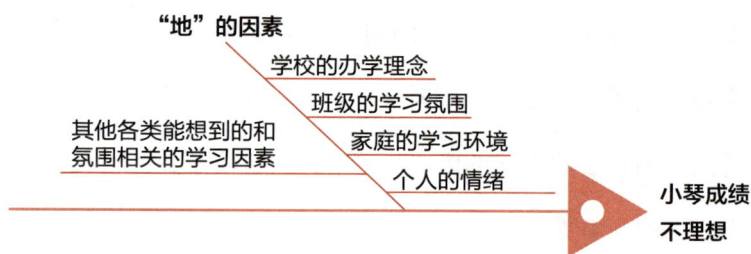

图 3-5　小琴成绩不理想的"地"的因素

物

这里所说的"物"是指帮助实现学习效果的各类学习资源，包括学习工具、学习设备及错题集等。

比如，小琴成绩不理想，可能是因为小琴缺少学习工具和学习设备，如图 3-6 所示。

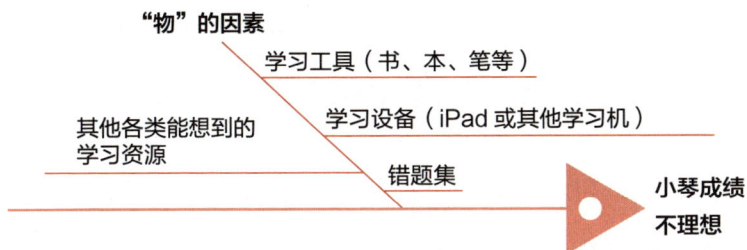

图 3-6　小琴成绩不理想的"物"的因素

通过对"人事时地物"的深入分析，我们了解到导致这个问题产生的各种原因，其中，核心原因大概率会包含在里面。这其实是一个先发散后聚拢的过程。只有见过了山川大河，我们才知道什么是壮观；只有阅尽了人生百态，我们才知道什么是生活。只有知晓了大部分原因，我们才能确定问题的关键点在哪里。这正是我们用"人事时地物"进行分析的意义所在。

三、通过"5Why"分析法深度挖掘核心原因

在众多原因中，哪些才是关键要素呢？毫无疑问，最理想的状态是把所有可能的原因（问题）全部解决掉，这样一

定会对结果产生极大的影响。但限于人力、物力、时间等诸多因素，我们只能选择其中最核心的要素去解决。

我们以初中生洋洋的学习为例，洋洋考试成绩不理想的原因，经过分析，最终得出以下结论：

- 洋洋平时学习不努力，也不认真；

- 洋洋做事喜欢拖延，很多东西都要等到最后才去完成；

- 考试前洋洋玩游戏；

- 考试前有同学跟洋洋发生争执，导致他心情不好，影响了发挥；

- 考试的时候，洋洋有点紧张，影响了正常发挥；

- 考试的时候，洋洋没有合理安排答题时间，过于关注前面的题目，导致后面有几道大题本来会做，却没时间做；

- 考试的时候，因为洋洋前一晚没休息好，所以有点困；

● 洋洋有些偏科，数学、语文、历史学得还不错，但其他学科学得很差。

以上是通过鱼骨图及"人事时地物"方法找到的洋洋成绩不理想的原因。在众多原因中，应该优先解决哪个原因（问题）呢？

洋洋觉得应该优先解决紧张问题。洋洋因为紧张而导致考前无法专心复习，只能用玩游戏来平复情绪；也因为紧张，导致考试发挥失常甚至身体不适。由此可见，在众多原因中，紧张确实是不容忽视的一个关键因素。

找到一个关键因素后，接下来就是深挖这个关键因素，找到这个关键因素底层的核心。

我们可以用"5Why"分析法来深挖问题的根源。

"5Why"分析法最初是由丰田佐吉提出的。方法非常简单，就是通过连续提出五个"为什么"来深入探究问题的根源，从而找到解决问题的关键所在。比如，一家公司的生产线出现了故障，导致生产效率下降，我们就可以运用"5Why"分析法来探究这个问题的根源。

第一个"为什么"：为什么生产线出现故障？

答案是某个关键设备损坏了。

第二个"为什么"：为什么这个设备会损坏？

答案是设备维护不当。

第三个"为什么"：为什么设备维护不当？

答案是维护人员技能不足。

第四个"为什么"：为什么维护人员技能不足？

答案是公司的培训体系不完善。

第五个"为什么"：为什么公司的培训体系不完善？

答案是管理层对培训的重要性认识不足或资源分配不合理。

通过连续提问的过程，我们可以看到，生产线故障的根源并不仅仅是设备损坏，而是更深层次的管理问题。如果仅仅停留在设备损坏这个层面，那么我们可能只会采取更换设备的措施，而忽略根本问题。通过"5Why"分析法，我们知道了问题的根源在于管理层的决策和资源分配，从而可以制定更加有效的解决方案，如加强员工培训、完善培训体系等。

"5Why"分析法很简单，可以随时随地拿来用。当然，我们也不必拘泥于 5 个"为什么"，有时候可能是 3 个"为什么"，有时候可能是 7 个"为什么"。只要根据具体情况，找到根本原因即可。

下面我们用"5Why"分析法来分析洋洋的问题。

第一个"为什么"：洋洋考试时为什么会紧张？

洋洋回答："担心自己考不好，回来被妈妈批评。"

第二个"为什么"：洋洋为什么会担心被妈妈批评呢？

洋洋回答："妈妈批评我，就代表她对我很失望。"

第三个"为什么"：洋洋为什么会有这样的想法呢？

洋洋回答："怕对不起妈妈的付出。"

问到这里，其实答案就很明显了。当父母为了孩子，几乎倾尽所有的时候，孩子都看在眼里，他也想成为父母的骄傲。然而，越是如此，孩子就越紧张，因为太过紧张，才会去玩游戏，想借助游戏来逃避学习。

成绩出来后，父母的一顿"输出"，让洋洋觉得很委屈。

妈妈在得到这个答案后，沉吟良久。

后面的故事就是，洋洋的父母再也不提为了孩子付出过什么了，也不再强求孩子一定要考多少分了，而洋洋的成绩也在稳步提升中。

谁能想到，孩子考试成绩不理想，原来主要责任在父母。而这个答案，如果不是经过全面思考模型的分析，恐怕洋洋的父母也不会承认。

💡 第二节　总结规律

　　找到原因后，就需要我们把前面所有的思考进行整理，形成初步的规律，然后再通过更多的实践去验证这个规律，并形成最终的规律。

　　接下来，我们需要总结规律和验证规律。

一、总结规律的工具

　　总结规律并不是指在学期结束后，把所吸收到的信息进行总结并得出规律。这样总结出的规律颗粒度太大，不一定能够很好地指导日常的学习。所以，我建议将小规律逐渐积累、提炼成大规律。这其实就要求我们进行日常总结了。提到日常总结，很多人可能会觉得没用。因为平时老师会带领学习者回顾本节课的知识点，充其量只是一次小小的回顾，谈不上任何规律可言。

我的建议是引入"学习清单"，并结合我们前面提到的错题集来帮助我们对所学的知识进行总结。

学习清单是指揭示学习者"怎么学"的过程与方法。学习者通过反思学习过程与方法，掌握信息背后的知识系统，进而总结出规律。

我们经常会遇到一种情况，在学习过程中，苦思冥想也不知道怎么解答一道题。这时，老师稍作点拨，我们就会豁然开朗。可后续再遇到类似的题目，我们又会陷入苦思冥想之境。老师不能随时点拨我们，我们也不能总在老师的点拨下完成学习任务。

为什么会如此？其实就是因为学习者对知识的掌握尚未

完全，可能有了一点感觉，但又隔着一层"窗户纸"。如果学习者能够通过学习清单来对规律进行日常的积累，就可以捅破这层窗户纸。

学习清单应该是什么格式，里边包含哪些内容，要根据学科及自身情况而定。总体来说，学习清单可以分为两种类型：一种是内隐式表达，也就是一些不易显现的思维活动；另一种是外显式表达，也就是一些行为过程。

一般来说，内隐式的表达方式如下。

- 我首先通过……了解了……
- 我再通过……了解了……
- 我了解（理解、学会）了……

外显式的表达相对比较简单，学习者只需把行为过程描述出来即可。

比如，我记得中学的时候，我们学过鲁迅先生的一篇散文《藤野先生》。这篇文章貌似讲了很多内容，包括东京的样子、东京留学生的样子、藤野先生和鲁迅先生的一些过往，以及回国后鲁迅先生的一些状况。这些内容看似没有什么头绪，但如果用学习清单来整理一下，就可以总结出一些很有意思的规律，如表3-1所示。

表 3-1　用学习清单总结规律

学习目的	学习清单的基本表达方式
我将学习"如何判断散文的线索"	• 我猜想这篇散文的题目可以作为判断散文线索的重要标志之一 • 通过分析事例，我了解了藤野先生对鲁迅的影响，确认了他是本文的线索 • 研究文中看似与藤野先生无关的文字，这些文字表现出了鲁迅的爱国之情。情感的发展也是本文的线索 • 鲁迅写与藤野先生的交往是明线，写自己的爱国之情和人生轨迹是暗线 • 判断散文的线索可以抓住标题，也可以梳理情感变化 • 联想到以前学过的课文，我总结出规律：散文的线索可以是时间、空间、人、物、事件

对于数学科目，我们更关注的是解题步骤是否正确，这

需要我们分步骤一层层揭示理解知识的过程，描述方法运用的要领。

比如，我们初中学过关于数轴、相反数和绝对值的内容，我们也可以利用学习清单来帮助我们捋清思路、总结规律，如表 3-2 所示。

表 3-2　关于数轴的学习清单

学习目的	学习清单的基本表达方式
我将学习"用数轴上的点表示有理数"	（1）先画一条直线，取这条直线上任意一点为原点，标记为"0" （2）确定这条直线的右边为正方向，并标注箭头 （3）再选取适当的长度为单位长度 （4）按照以上三个要素确立数轴 （5）最后以原点为参照点，以单位长度为标准，在数轴上标注实心点，对应写明有理数值

二、总结规律的三种方法

在日常学习中，我们可以运用三种方法来对规律进行总结。

1. 抓关键词

我们在阅读一些材料的时候，要多注意一些带有关键词的语句，如"结论是……"等语句。我们在阅读文章的时候，要能够有效地区分观点和例子。

2. 还原框架

在写作前，我们都会预设一个框架。比如一篇故事，大概都会有起因、经过、结果。我们要做的就是按图索骥，找到大量信息背后的框架。考试中的难点在于题目会把各种要素混在一起，让我们去区分、总结，找出主干和分支。我们要按照题目要求找出相关要素，按照框架模式填充内容。这个能力需要后天培养，通过做大量的习题来获得。

3. 提炼共性

我们在答题的时候，会发现好多答案都有一些相通之处。比如在公务员考试中，申论部分经常会要求学习者分析造成某些问题的原因，有心的学习者在做了很多题目后，就会提炼出共性。当你能把各类学科都提炼出一些共性和规律时，学习起来就不会费力了。

三、验证规律

找规律这件事会上瘾，因为确实是"一本万利"的事，但很多学习者又往往会因为过于相信规律而陷入"规律"中，进而做出很多错误的行为。原因在于，我们总结的规律带有片面性。

举个例子，我有段时间坐地铁上班，期间要从8号线换乘10号线，换乘站叫北土城。经过多次实践，我发现，每天换乘的时候，我只需往车头的方向走一走，大概走到第3节车厢的位置上车，并站在靠门的位置，大概率会有座位，这样我就能坐着休息30分钟。于是，我总结出一个规律：在北土城站换乘时，站在第3节车厢靠门的位置，大概率有座位。可有一天，我起晚了，一般我都会8点左右到北土城

站，但那天我 8 点 20 分左右才到。我按照惯例走到了第 3
节车厢靠门的位置，很遗憾，这次没有座位，甚至一直到终
点站我都没有座位。后来，我又试了几次 8 点 20 分到北土
城站，果然还是没有座位。于是，我发现自己以前总结的规
律是片面的。

规律其实是一把双刃剑，有时候没兼顾到更多因素，所
下的结论很可能是错误的。错误的结论非但帮不了人，有时
候还会误事。

解决方法其实也不难，只需回过头来用事实不断地去验
证规律，然后不断完善规律即可。

这里我们介绍一个简单的小工具——规律验证表，如表
3-3 所示，可以用来验证规律。

表 3-3　规律验证表

序号	观察值 1	观察值 2	……	观察值 N	预测结果	实际结果	结果对比
1							
2							

规律验证表中的要素如下。

- 观察值 1，观察值 2，……，观察值 N。N 代表我们有多少个不同的观察值，比如前面提到的关于乘坐地铁上班是否有座位的规律，这里的观察值就包括时间、站点名称、第几节车厢、位置等要素。

- 预测结果。根据我们之前得出的规律，对这些观察值进行预测并得出结果。比如前文坐地铁上班的例子中，预测结果就是"有座位"。

- 实际结果。通过实验，调查并收集数据。通过改变不同的变量，得出结果。比如前文坐地铁上班的例子中，实际结果就是"无座位"。

- 结果对比。这一列用于比较预测结果和实际结果，你可以使用简单的"一致"或"不一致"来表示规律是否成立，或者使用一个具体的数值来表示预测的准确度。

通过规律验证表，将早晨乘坐地铁上班是否有座位的问题进行呈现后，按照不同的观测值再去验证，我发现我之前得出的规律"在北土城站换乘的时候，站在第 3 节车厢靠门的位置，大概率有座位"是不正确的，应该将其调整为"早晨 8 点左右，在北土城站换乘的时候，站在第 3 节车厢靠门的位置，大概率有座位"，如表 3-4 所示。

表 3-4　规律验证表范例

序号	观察值 1	观察值 2	观察值 3	观察值 4	预测结果	实际结果	结果对比
1	早晨 7：58	北土城换乘站	第 3 节车厢	靠门	大概率有座位	有座位	一致
2	早晨 8：00	北土城换乘站	第 3 节车厢	靠门	大概率有座位	有座位	一致
3	早晨 8：10	北土城换乘站	第 3 节车厢	靠门	大概率有座位	没座位	不一致
4	早晨 8：20	北土城换乘站	第 3 节车厢	靠门	大概率有座位	没座位	不一致

第四章

行动

总结规律和验证规律可以帮助我们把大量的信息不断压缩，形成我们解释世界的语言和符号（也就是知识）。这些语言和符号经过不断验证，持续完善，进而形成我们解决同类问题的基石，甚至形成我们看待世界、看待人生的基本观点，也就是我们的世界观、人生观及价值观。可以说，人们正是通过规律来不断认识世界、不断进步的。

然而，知识（通过信息总结出来的规律）如果只存在于意识中，就依然是片段式的，相互独立且不成系统。这时，就需要我们把知识进行条理化的呈现和输出，以帮助我们捋顺思路，加深对知识的连接和掌握。

🔆 第一节　呈现

千万不要小看条理化的呈现，因为我们的大脑喜欢条理清晰的事物，就像一间整洁的房间给人的感受会远远好于凌乱不堪的房间一样。条理清晰的认知会让大脑更愿意去运转，只有大脑愿意去运转，知识才可能会被应用。我们可以利用思维导图来梳理规律、厘清规律，如图 4-1 所示。

很多人都使用过思维导图，知道思维导图既简单又好用，但很少有人能说出来为什么。

它的作用不在于帮助我们记忆，而在于帮助我们避免在学习和应用中走进误区。

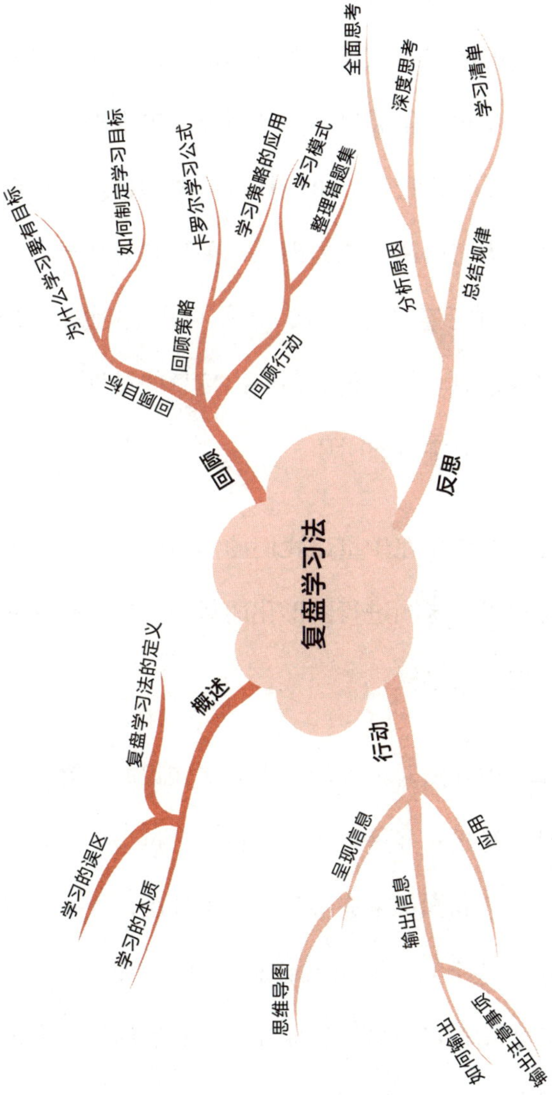
复盘学习法
概述
复盘学习法的定义
学习的误区
学习的本质
回顾
回顾目标
为什么学习要有目标
如何制定学习目标
回顾策略
卡罗尔学习公式
学习策略的应用
回顾行动
学习模式
整理错题集
反思
分析原因
全面思考
深度思考
总结规律
学习清单
行动
呈现信息
思维导图
输出信息
如何输出
输出注意事项
应用

图 4-1 思维导图

有时候，我们看一篇文章，觉得都看懂了，但看完后不久就忘记了。有时候，文章中的每句话貌似都懂，但通篇读下来，好像又变得云里雾里，不知所以，更别提应用了。原因在于，学习不等于记忆。单纯地搞清楚知识点是什么，只是在运用我们大脑的阅读能力而已，关键是要把知识点能够串联起来，而进行连接的过程，其实就是建立输出的过程。学习是从接收信息、加工信息到输出信息的过程。只有产生了输出，才会形成学习的闭环。

思维导图的作用在于重建我们的知识体系，把知识点之间的关系通过思维导图进行图形化的呈现。这个呈现的过程就是将知识内化的过程。

在制作思维导图时，我们会先回忆知识的关键词，然后将这些关键词写出来并进行关联。在这个过程中，我们会联想起更多的信息和知识来完善整个思维导图，最终形成自己的知识网络。这个知识网络又会验证每个知识点是否正确。这个过程其实就是将信息加工成知识，然后回过头来再去验证信息的过程，如图 4-2 所示。

图 4-2　学习和知识的关系

　　在思考问题的过程中，我们的大脑连接会被我们的经历和活动所改变，最终关联到一个关键词上，自此我们便完成了一次学习过程。

　　因此，思维导图的本质在于知识的重新排列。它既可以在学习未掌握的知识时用来对知识进行重新排列组合，也可以在应用已掌握的知识时用来对知识进行重新排列组合。了解了思维导图的本质，我们便可以进一步思考，为什么有些人学东西很快？为什么有些人一天就能读完一本书？原因就在于学习快的人能够把自己原有的知识进行重新排列组合，形成新的知识。当今社会的信息量很大，浩如烟海的习题总是让人望而却步，但如果你学会了绘制思维导图，学习也就没那么难了。

其实，绘制思维导图不难，可以分为以下三个步骤。

第1步：回顾知识

回顾知识需要我们建立知识之间的连接，以重塑大脑的认知体系。那么，我们需要思考要连接的内容是什么，包括哪些具体的知识点，甚至是一些案例。在绘制思维导图前，我们要做一些准备工作，以便在真正绘制的时候可以一蹴而就。比较简单的办法是，将书中的重点内容做出标记，确定需要整理的内容。我们还可以先设定回顾的整体思路，如回顾的内容、方法、工具等。

第2步：呈现主题

准备一张白纸，从白纸的中心位置开始写出主题，如果有时间，可以把主题以图形的方式呈现出来，效果会更好。同时，在主题的周围留出空白，如图 4-3 所示。

图 4-3　呈现主题

第 3 步：完善分支

这个步骤其实是不断将信息进行发散的过程。这个过程可以用两种方式来呈现。一种是用流程步骤或相关主题进行呈现，比如绘制思维导图，如图 4-4 所示。另一种是以提问的方式进行呈现，这种方式其实对学习者的要求更高，要求学习者围绕中心主题，通过一些问题来对知识点进行归拢，如图 4-5 所示。

采用提问法更容易捋清知识之间的关联，但难度也相对较大。

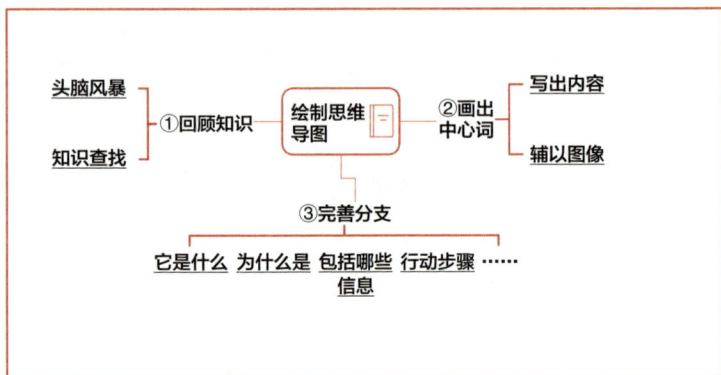

图 4-4　以流程步骤或相关主题完善分支

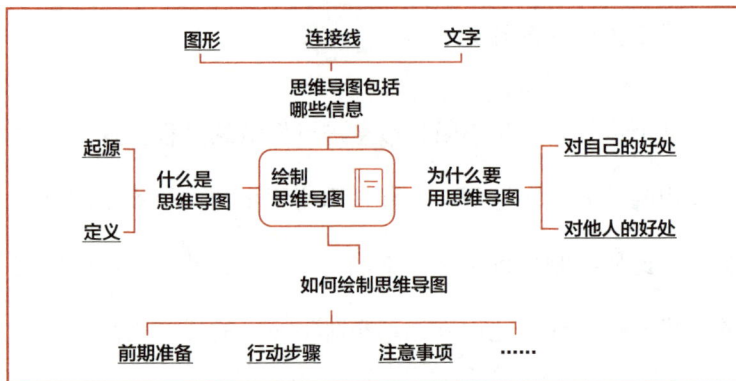

图 4-5　以提问的方式完善分支

　　我们在实际使用思维导图的时候，需要遵守一些规则。遵守这些规则可以帮助我们把思维导图绘制得更好，使其更容易理解。虽然我们需要遵守规则，但也不必完全拘泥于规则。只要我们通过思维导图，把知识之间的连接建立清楚即可。具体来说，思维导图的规则如下。

1. 明晰

（1）把纸张横放在桌面上，在中心位置写主题（明确主题价值，确保围绕主题思考）。

（2）每条线上只写一个关键词（确保条理清晰）。

（3）不同级别主题的线条粗细要合理（不同的粗细代表关注度的不同）。

（4）间隔安排要合理（留出空间，确保随时可以补充，也可以添加便签）。

2. 突出重点

（1）一定要使用"中央图"，次主题有 3～7 个（不宜过多，过多的次主题会让我们思维发散，不利于整合）。

（2）尽可能用色彩丰富的图形（刺激感官，调动情绪脑）。

（3）"中央图"需要用三种以上的颜色展示（重点强调）。

（4）尽量使字体、线条和图形多一些变化（容易区分，避免视觉疲劳）。

3. 优化呈现

（1）在分枝之间进行连接时，可使用箭头（箭头代表思考的方向，建议多用）。

（2）使用代码（即个人习惯用语，可使页面更简洁）。

（3）使用各种相关的色彩、图示、符号（刺激感官，调动情绪脑）。

4. 形成个人风格

（1）布局合理，层次分明（便于理解）。

（2）使用数字编排顺序（便于区分）。

（3）图形简洁，清晰易懂（简笔画或者图形都可以）。

将所学的知识进行呈现，其实已经是到了学习过程中的输出环节了，但这个输出还只是基于自我认知的输出，是个人学习的一个小闭环。

输出了思维导图，就证明我们自己对知识的理解已经上了一个台阶，形成较为系统的认知了，但这个系统是否完善、是否经得起推敲，需要我们做进一步的输出来验证，也就是讲出来给别人听。我们在下一节将分享一种非标棒的学习方法，叫"费曼学习法"。这种方法的核心就是把所学的内容讲给别人听。很多清华、北大的学霸都是这种方法的坚决拥护者。掌握了费曼学习法，可能会颠覆你的认知，让你的学习生涯从此开挂。

🔆 第二节　输出

一、为什么费曼学习法如此神奇

　　费曼学习法的逻辑其实很简单，就是用输出来倒逼输入。

　　费曼学习法其实就两步：第一步是学习，第二步是解释。

　　我们如何把老师讲的知识和自己看过的内容，用自己的语言表达出来，这是个需要认真思考的问题。

我们可能看了很多例子与知识描述，也通过思维导图清楚了知识和知识之间的关联，但我们依然很难将这些内容清晰地讲给别人听。经常会有人说，我明明努力学习了，但为什么成绩依然不理想？我想卡点可能就在"解释"这个环节。

如果只是暂时记住或理解了某些内容，我们并不能解释所学内容之外新出现的情况。

解释是一个创造的过程，我们将不再使用学习时所用的语言甚至知识点，而是要从新的角度再次看待所学的内容。这就像婴儿学习走路，当我们扶着他走时，他好像走得很轻松，而一旦我们放手，让他自己走，他总是会摔几次，然后才走得顺畅。

思维导图是以过程为主导的学习方法，其核心在于拆分和连接知识；而费曼学习法是以目的为导向的学习方法，其核心在于验证知识。

二、费曼学习法的步骤

我们前面提到过，费曼学习法有两步：第一步是学习，第二步是解释。我们也可以做进一步的拆分，更详细地加以说明。拆分开来看，费曼学习法共分为以下四个步骤。

第一步，明确目标。明确需要掌握的知识和技能，尽可能地去熟悉这些知识和技能。我们需要将大脑中的语言组织起来并写在纸上，如果无法表达或者写不清楚，我们就需要重新回到书本中去查阅相关的知识，直到能够用自己的语言不费力地呈现为止。

第二步，以教促学。我们可以把自己想象成一名老师，我们要向其他人描述某个概念。注意，我们应尽量用简单易理解的语言来描述，尽量避免使用术语及他人的语言来描述。这更能考察我们对概念理解的深度。这个步骤的关键是说出来，我们可以和自己的朋友、家人说，也可以用录制视频的方式来呈现。当然，我们在这个过程中可能会出现表述不清、表述不完整甚至无法表述的情况。没关系，这其实很正常，表述不清代表我们对这个概念的理解和转化还不成熟，让我们看到自己认知上的薄弱点。对于这些表述不清楚的内容，我们需要重新学习，直到真正地内化于心，外显于言。

第三步，解决问题。明确学习中存在的问题，回归到书本中，重新梳理，强化理解，直到能够清晰、流畅地阐述所学的知识。

第四步，总结提炼。完成前边三个步骤后，我们基本可以用非常精准、流畅的语言来阐述知识了。这时，我们需要把这些知识再次压缩，化繁为简，用更简练的语言甚至更直观的图形来表达和呈现。这其实就是我们前面所说的"把书读薄"的过程。当我们再遇到我们所提炼出的关键词时，大脑就会快速形成一套完整的知识体系，我们就能真的做到"下笔如有神"了，如图 4-6 所示。

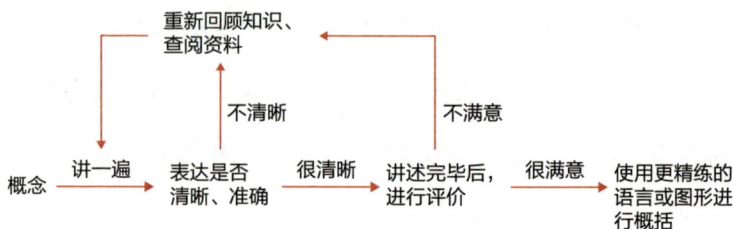

图 4-6　费曼学习法的步骤

三、费曼学习法的注意事项

毫无规则的表达，效果非常有限。如果不遵循一些特定的规则，就会事倍功半。所以，我以验证学习成果为目的，提炼出四个注意事项，具体如下。

第一，言之有物。我们的表达要能够传递出明确的信息。空洞无物、毫无意义的言语只会让人反感，降低沟通效果。比如"这件事很重要，我们要认真对待""这是一场前所未有的盛宴，值得我们一起欢呼"，这样的表达就是空洞无物的。如果要说事情重要，我们就要清晰地表达出对谁而言重要，为什么重要，重要点在哪里等信息，甚至还要通过举例、讲故事来加以佐证。我们可以尝试用"5W1H"分析法来描述我们要表达的内容。

第二，清晰的语言逻辑。其实，将知识呈现出来的过程就是一个不断进行逻辑梳理的过程，这就要求我们在表达的时候能够有清晰的语言逻辑。一般来讲，我们常用的语言逻辑是"总—分—总"，即先概括核心论点，然后依照不同的维度进行展开，最后强调我们所持的核心论点是什么。

第三，不要自我设限。很多人害怕表达，担心如果说不好、说不到位会被人嘲笑。其实，我们要端正姿态，我们分享的目的是把自己的想法说明白，而不是真的要给听众留下良好的印象。所以，我们要大胆地表达。当然，适当地倾听别人的反馈也是为了让我们的条理更清晰。

第四，要用简单的话、自己的话去表达。这其实做起来挺难的。如果单纯地为了表达得更清晰，那么我们可以用老师的一些原话及书本中的一些描述来表达；但如果是为了验证我们所学的知识，那么就一定要用自己的话表述出来，这才是内化的过程。

如果我们学了知识，不去输出和呈现，那么我们的学习效果势必有限，甚至是大打折扣的。学习知识、思考知识、输出知识，构成了学习的三个核心要素，这三个要素最终会实现整个学习的闭环。

☼ 第三节　应用

一、压力带来的发挥失常

了解了费曼学习法，让你的整个学习过程实现了一个闭环后，你是否有一种想要马上行动的冲动？如果有，那么恭喜你。但同时我也要提醒你，即便很好地掌握了以上所有理念和方法，并能够切实地去执行，你也未必会立刻见到成效。也就是说，你未必会马上取得好的考试成绩。因为影响考试成绩的因素除了学习方法外，还有许多其他因素，如压力。如果我们不能学会应对压力，就会受到影响。

在心理学领域，有人专门研究过压力与表现之间的关系。其中比较著名的理论是耶克斯—多德森（Yerks-Dodson）曲线，如图 4-7 所示。

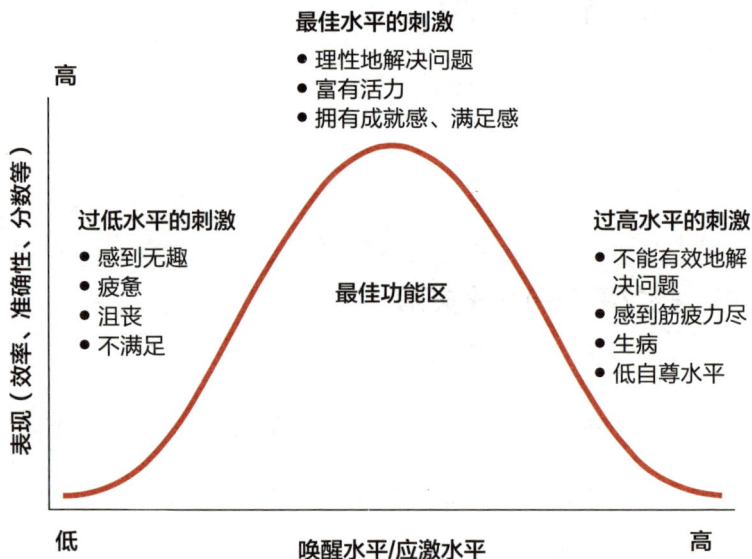

最佳水平的刺激
- 理性地解决问题
- 富有活力
- 拥有成就感、满足感

高

表现（效率、准确性、分数等）

过低水平的刺激
- 感到无趣
- 疲惫
- 沮丧
- 不满足

最佳功能区

过高水平的刺激
- 不能有效地解决问题
- 感到筋疲力尽
- 生病
- 低自尊水平

低　　　　　　　　唤醒水平/应激水平　　　　　　　　高

图 4-7　耶克斯—多德森曲线

这个曲线给了我们三个启示。

第一，当压力适当时，会让我们的表现更出色。这时，压力就像一把锤子，我们就像一个图钉，适当的压力可以让我们创造出更大的价值。每个人的压力都会有一个阈值，当压力达到阈值时，将出现最佳功能区，我们在这个区域的表现最好，我们富有活力、拥有极强的成就感和满足感。每个人的阈值均不相同，有的人抗压能力强，有的人抗压能力弱，我们需要找到自己的最佳功能区。以我为例，我早些年上台讲课会紧张，但这种紧张感却恰恰促使了我更敏捷地思考及出色地发挥。

第二，当压力逐渐大到令我们感到不适时，我们所产出的效能就会随之降低。比如，有一次我在台上讲课，台下坐了300多人，现场架设了一台摄像机，后期还要进行媒体报道，所以我紧张得几乎无法正常表达，思维也一度陷入混乱。毫无疑问，那次我表现得很糟糕。

第三，压力的阈值并不是固定的，随着我们不断地练习，阈值会逐渐增大。还是以我讲课为例，自从那次糟糕的表现后，我再讲课的时候就没那么紧张了，哪怕是一场400多人的培训课，我也会表现得很出色。这其实就是我的压力阈值升高了的表现。

学习者的压力来源主要包括以下几个方面：

- 需要学习的内容太多；

- 需要学习的内容太难；

- 时间不够用；

- 父母施加的压力过大；

- 别人的表现很优秀，而自己则表现平平。

这些压力可能导致的结果如下：

- 无法放松身心；

- 对自我的评价很消极；

- 在学习或者考试过程中容易走神。

一旦压力过大，那么可想而知结果会有多么糟糕。为了进一步理解上述内容，我们可以举一个前面提到过的洋洋因考试紧张而导致成绩不理想的例子来进行剖析。

洋洋是一名初中生，他在考试前有很大的压力，那么洋洋的哪些行为和思维模式使他产生这么大的压力呢？这些行为背后可能会产生哪些影响或结果呢？我总结了以下几点。

行为 1：洋洋正坐在教室听老师讲课，老师忽然宣布：下周五考试。洋洋的第一反应是，时间太紧了，肯定复习不完。

行为 1 可能带来的影响：洋洋可能会陷入消极的思维模式。而消极思考会触发"自证预言效应"，洋洋很可能在考试前复习不完。

行为 2：洋洋在家写作业的时候，把书和笔记本胡乱堆放在桌子上，和同学在网上聊游戏。

行为 2 可能带来的影响：洋洋没能保持专注力。他本该专心学习，却因为和同学聊游戏而分散了注意力。

行为 3：已经到夜里 12 点了，虽然洋洋已经困得不行了，但他却还躺在床上玩手机游戏。

行为 3 可能带来的影响：洋洋没有在备考过程中照顾好

自己的身体，严重缺乏睡眠，不合理的作息习惯让他疲惫不堪，甚至会拖垮他。

行为 4：周末洋洋瘫倒在书桌前，他一度陷入绝望，发现自己一点儿也记不起之前学过的内容了。洋洋觉得自己根本不是学习的料。

行为 4 带来的影响：洋洋在逐渐丧失自信。消极的思维模式降低了他的自尊水平，也分散了他的注意力。

行为 5：洋洋正在考试现场，可他满脑子却在想着考完试后，父母带他去海边吃他最喜欢的皮皮虾。

行为 5 可能带来的影响：洋洋没能全力以赴地完成考试题目，也没能通过考试来检验自己所学的成果。

行为 6：洋洋对学习产生了恐惧，甚至觉得自己以后不上大学，做一个普通的服务员似乎也不错。

行为 6 可能带来的影响：此时洋洋开始自我放弃，毫无疑问，他的学习成绩一定会很糟糕。

以上六种行为，用一句话来概括，就是洋洋心不在焉。洋洋的一些负面情绪让他不能活在当下，让他的思想和实际行为之间产生了短路，包括身体短路、思维短路、精神短路。

所以，因为紧张或者压力而造成的身体、思维和精神短路才是造成学习效果差的根本原因。既然如此，我们就需要通过各种方法来让身体、思维和精神重新恢复连接，也就是确保我们的身体能够冷静，精神上能够保持专注，以及思维上能够保持自信。这三个层面构成了考试正常发挥甚至超常发挥的稳固三角形，如图4-8所示。我们可以给这个三角形起个名字，叫"最佳水平区"。

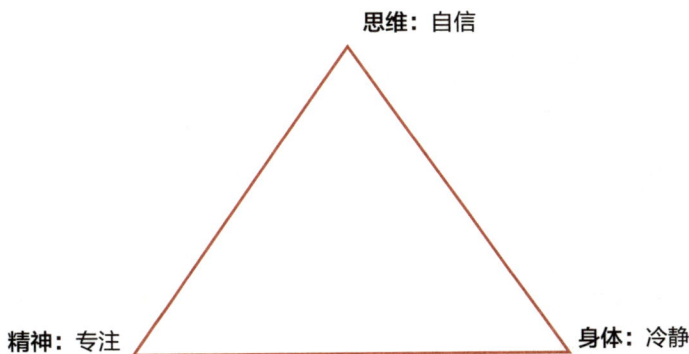

图 4-8 稳固三角形

二、自我状态测评

我们可以利用"伯恩斯坦表现量表"来进行测评（见表4-1），看看我们此刻处于什么状态。

表4-1　伯恩斯坦表现量表

请回想最近一次你必须在某个特定的领域或地点有所表现的情境。对你来说，在这样的情境下有好的表现是存在一定困难或者富有挑战性的。

请尽可能清晰地回忆起当时的情境，在此过程中发生了什么，你的感觉和状态如何。

下面你将看到9句话，每句话右侧都有从0～3的数字，用来表示你在这个情境下的感受，请选择与你的情况相符合的数字。

你的感觉和状态	完全不符	有点符合	比较符合	非常符合
考试前				
1. 我感到冷静且放松	0	1	2	3
2. 我对自己的能力充满自信	0	1	2	3
3. 我有能力集中完成学习任务及自己需要做的事	0	1	2	3
考试中				
4. 我始终保持冷静	0	1	2	3
5. 我始终保持自信	0	1	2	3
6. 我始终保持专注	0	1	2	3

（续表）

你的感觉和状态	完全不符	有点符合	比较符合	非常符合
7. 当感觉紧张时，我知道如何让自己冷静下来	0	1	2	3
8. 当感到灰心时，我有能力重拾自信	0	1	2	3
9. 当注意力分散时，我有办法重回正轨	0	1	2	3

请按以下方式对你记录的数字进行累加，以计算总分

冷静：第 1、4、7 项的得分总和

自信：第 2、5、8 项的得分总和

专注：第 3、6、9 项的得分总和

结果：如果某一项的得分低于 9 分，说明有必要对其进行强化

在累加得到总分后，我们可以画个图（见图 4-9），并将分数填入相应的圆圈内，这样就可以很清晰地看到我们的强项和弱项了。

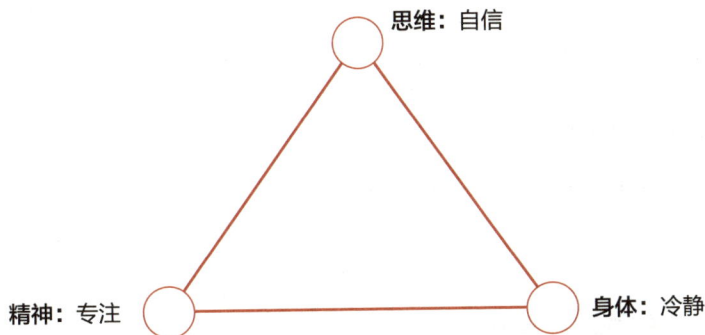

思维：自信

精神：专注　　　　　　　　　　身体：冷静

图 4-9　自我状态测评图

这个测评很简单，大概需要 3 分钟就可以完成。当我们了解了自己的强项和短板后，接下来就该进行调整了。

三、如何让紧绷、躁动的身体冷静下来

紧张没有那么好控制。很多时候，当我们察觉到自己紧张的时候，往往会在内心大声呼喊：别紧张，别紧张。可实际上，结果往往事与愿违。其实，我们要做的不是对抗（强迫自己不紧张，这其实就是对抗），而是觉察和引导。

1. 觉察身体情况

有人会觉得觉察自己的身体情况很简单，因为没人能比自己更清楚了。然而，我们一旦产生过于激烈的情绪，往往会完全忽略掉身体情况。我整理了一些能够证明我们此刻可能正处于紧张状态中的外在表现，具体如下。

■ 我感觉胸闷。

- 我感觉气短。

- 我感觉心跳加速。

- 我感觉如在云端。

- 我的语速开始加快。

- 我有些头疼。

- 我的肩膀疼。

- 我的嗓子发紧。

- 我感到肌肉疼。

- 我开始出汗。

- 我感觉自己呼吸困难。

- 我脚趾扣地。

- 我的手攥成了拳头。

- 我想要逃离考场。

- 我感觉惴惴不安。

如果我们出现了这种紧张的状态，我们就需要多加关注了。

2. 通过有意识的呼吸来调整身体状况

向大家推荐一种我经常用的很有意思的调整身体状况的呼吸方法——"478呼吸法"。关于这种方法的由来到现在为止众说纷纭，有人说它是由哈佛大学的学者研究出来的，也有人说它是古代瑜伽中的一种呼吸方法，还有人说它是由某个医生发明的。不管它的由来如何，这种方法确实经过验证，可以有效地帮助我们舒缓紧张的情绪和身体。

"478呼吸法"是一种通过特定的呼吸节奏来放松身心的方法。它的基本步骤如下：首先，用鼻子吸气，吸气的同时默数4个数；然后，屏住呼吸，让这口气在体内流转，同时默数7个数；最后，用嘴呼气，同时默数8个数。

这个过程其实很简单，原理也很简单，就是通过关注呼吸，把紧张的情绪排解掉。通过反复进行这样的呼吸练习，我们可以逐渐让自己的身心进入一种更加平静、放松的状态。

"478呼吸法"不仅可以用于缓解身心压力，还可以改善睡眠。实际上，我当初就是因为睡眠不好才无意中学到这种方法的，确实效果不错，但需要沉下心来坚持做。以前我失眠，用"478呼吸法"做了两次后发现没效果，就放弃了，后来实在没办法，就又坚持做，发现不知不觉还真的睡着了。这说明通过关注呼吸，确实可以让我们减少纷繁复杂的思绪。

四、如何提升自信

这里需要引入一个心理学概念，叫"自证预言效应"，它是指人会不自觉地按照已知的预言来行事，最终使得预言成真。这种效应也体现在我们对他人的期望上，即我们对他人的期望会影响对方的行为，使对方按照我们的期望行事。这种效应也被称为"自我实现预言"。

这种现象在很多学生身上都有发生，最典型的就是，很多平时成绩还不错的学生，在考试的时候却发挥失常，有很大一部分原因是自证预言效应导致的。比如洋洋，他就表示，每次考试几分钟后，如果一切顺利还好，但只要出现了一道他不会做的题，那么他会瞬间出现大脑"黑屏"，与这道题相关的内容知识点全部想不起来了。并且，随着想不起来的知识点变多，试卷上的题也会变得越来越难。这种现象被称为"千里之堤溃于蚁穴"也不为过。很多时候，洋洋都会如坐针毡，期待快点结束考试，那么他最终的成绩自然不会理想。

解决这个问题其实和解决身体紧张问题有些类似，我们也可以分成两步来解决：第一步是觉察，第二步是矫正。

负面的自证预言效应其实和我们自身的一些思维习惯有关。每个人都有一些观念清单，当遇到特定问题时，清单上面的某些观念会被激活，所以我们要做的就是找到自己的观念清单，尤其是一些负面的观念清单。当这种负面的观念被激活时，我们要有意识地去觉察和应对。常见的负面观念清单如下。

- 对自己心存怀疑，内心独白是"我不行"，比如"我根本就不是学习的料，这次考试肯定又会考砸，父母肯定又会数落我"。

- 悔不当初，因自己曾经没做到的事情而耿耿于怀，比如，如果当初我没有整天玩游戏，现在肯定是另一种状态，我毁掉了自己的人生。
- 开始变得敏感，认为生活中的琐事，如穿什么衣服、吃什么东西会影响考试成绩。

实际上，每个人的观念清单都不相同。所以，我们需要逐渐找到自己的一些惯性思考方式，列出独属于自己的观念清单。

当了解到消极观念后，我们要如何应对呢？有时候，一些负面情绪积压在心里，会不断地被发酵、放大，我们需要通过某种方式把这些负面情绪排解出来，比如倾诉。这样做的好处是：一方面，通过倾诉，可以帮助我们重新审视自己；另一方面，通过倾诉，我们可以调节自己的心理状态，缓解压力。这一过程有助于我们宣泄情感，走出困境。

倾诉完后，我们需要思考一种解决方案，这个方案不一定要完美，但如果这是你当下所能想到的最优解，那就勇敢地去执行它吧。比如有一次培训，当我产生了"如果这次讲砸了，可能就会失去这位客户"的负面情绪时，我察觉到了自己的情绪，迅速做出了调整，即从课程一开始，我就通过语言，适当降低了学员和客户的预期。这种方法不一定真的有效，但它是当时我能想到的唯一可以快速解决问题的方法。最终，效果还不错，至少我没有被消极观念所左右，课程也顺利完成。

五、如何解决分心问题

在考试和学习过程中偶尔的分心，其实是缓解紧张情绪的一种很好的调节剂，我们大可不必过于关注。但如果这种分心已经影响到了我们正常的学习和考试，那就必须介入调整了。

解决分心问题的方法其实很简单，我经常使用的一种方法叫"番茄管理法"。我会用一个叫"番茄钟"的小闹钟来设定一个"专注时间"，可以是 10 分钟或者 20 分钟。在"专注时间"内，我要确保自己不会分心。如果过程失败，那就重新开始。当然，刚开始的时候，你可以把"专注时间"设置得短一些，后面可以逐渐把时间延长。渐渐地，你就可以舍弃番茄钟，用手表代替了。

当然，在使用番茄钟前，我们还是要明确我们期望在"专注时间"内需要做的事情是什么。我们一定要设定一个核心目标才行，否则一会看书，一会做题，一会又去线上学习，专注的效果会变得很差。

第五章

完整的复盘学习法案例

☀ 第一节　明确目标

还记得我们前面提到的洋洋设定学习目标的事吗？这件事其实还有后续，本章我们以洋洋的整个学习调整过程作为案例，对复盘学习法的内容做一个整体的呈现。为了让讲解更清晰、直观，我们用复盘学习法画布来呈现整个过程，如图 5-1 所示。

如前文所述，前段时间，正在上初中的洋洋期中考试成绩不理想。我问了他一个问题："你的学习目标是什么？"他却疑惑地说："学习还要有目标？不就是听老师的话，上课认真听讲，放学回家认真写作业吗？"

复盘学习法画布

回顾目标 → 回顾策略 → 回顾行动

分析原因　　　　　　　　总结规律

制订行动计划

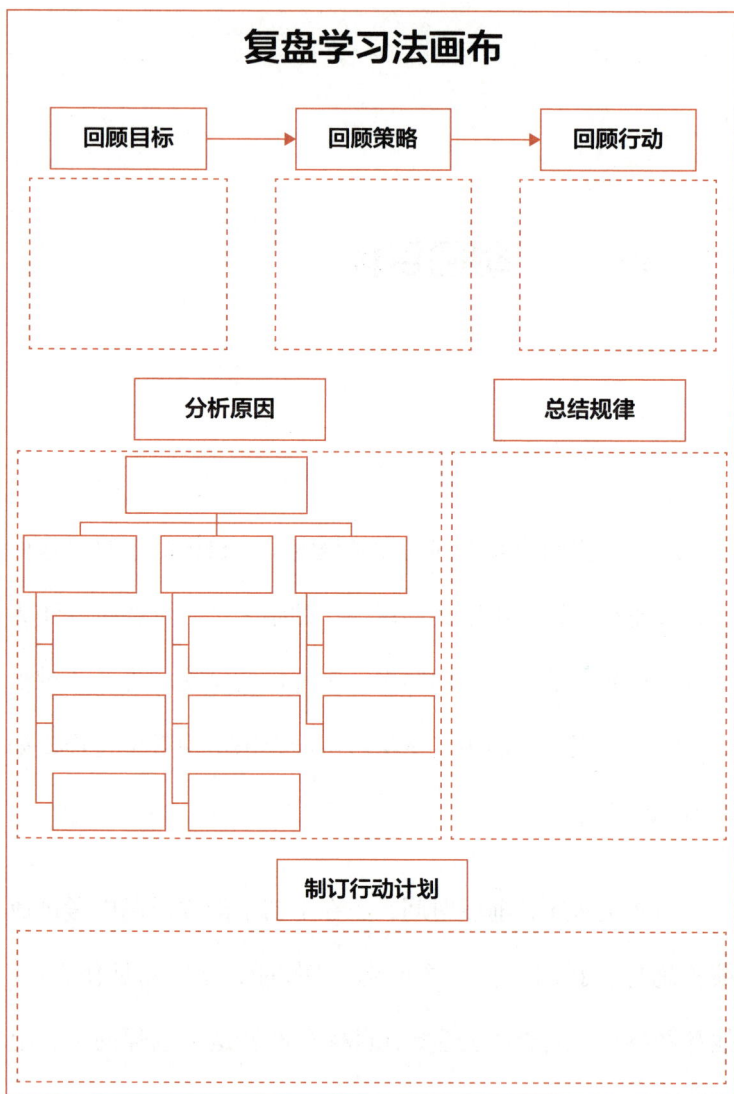

图 5-1　复盘学习法画布

经过我的一些引导，他明确了一个初级目标——考上一所重点高中。

现在的初中生，比我们当年的学习压力要大很多。洋洋的成绩上高中问题不大，但如果要上重点高中，就不好说了。于是，我们进行了一番对话，如前文第二章所述。

💡 第二节　回顾事实

我们以物理这门课为例来回顾洋洋的学习过程。

第一步是收集错题。洋洋特意买了一个专门用来收集错题的笔记本，依照我的建议，洋洋把过往试卷和课后测试的错题，全部剪下来粘贴到了笔记本上。

我给洋洋的建议是，对错题采用三次整理法。

第一次，在挑选出的错题后面标注"①"。
第二次，不看正确的解题过程，自己做一遍，如果做对了，就在错题后面标注"②"。

第三次，同样不看正确的解题过程，过段时间再做一遍，如果又做对了，就在错题后面标注"③"。

标注"③"后，就可以把这道题从错题集中剔除了。但洋洋偷了个懒，只整理了两次，效果会相对差一些，不过也已经不错了。

第二步是对错题进行归类。下面我们以一类错题为例进行说明。

1. 水平放置的水桶重 300N，一人用 250N 的力竖直向上提水桶，则水桶受到的合力大小为：（　　）。

A. 550N

B. 250N

C. 50N

D. 0N

2. 用 50N 的力 F 按住一个重 6N、边长为 0.1m 的正方体物块，当物块沿竖直的墙壁匀速下滑时，物块受到墙壁的

摩擦力为 _____N，物块对墙壁的压强大小是 _____Pa。

3. 作用在一个物体上的两个力的大小分别为 F1=6N，F2=5N。如果这两个力作用在同一条直线上，则它们的合力大小是：（　　）。

A. 一定是 11N

B. 一定是 1N

C. 可能是 6N 或 5N

D. 可能是 11N 或 1N

其实，这三道题考的是同一个知识点，也就是牛顿第一定律，即物体在不受力或者受到的合外力为 0 时，它将保持静止或匀速直线运动状态。

第三节　反思和行动

洋洋强调，有些错题其实是比较简单的题目。接下来，我的一番引导，帮助洋洋解决了这类问题。

我：终于开始整理错题了，很不错，但我看你只是把错题收集起来，并没有把相同类型的错题放在一起进行二次整理。

洋洋：嗯。

我：我看了一下，你近期共整理了40道错题，有7道都是这类题。

我：为什么这类题会错呢？

洋洋：其实都是关于牛顿第一定律的问题，没想到会考这个知识点，当时我也忘记了这个定律。

我：我很好奇，如果忘记一次还正常，但好几次都没想起来，是这个定律你不理解吗？

洋洋：这个定律不难理解，有时候我也能想起来。

我：那为什么有时候能想起来，有时候想不起来呢？

洋洋：可能是我不细心吧。

我：我们不能把问题都归结到不细心上……

（此时，洋洋已经有点逆反情绪了，可能是觉得我在上纲上线吧。）

我：没关系，咱们先吃根冰棍，然后一起好好分析分析，看看有没有其他的可能性。

洋洋：好。

我：我们在找问题原因的时候，可以把思路打开一点，从不同的视角去看问题，说不定会有新的发现。

洋洋：怎么打开？

我：听我提问就行，咱们一个一个来。首先，关于牛顿第一定律这个内容，老师是不是已经讲得很清楚了？

洋洋：是。

我：你理解了吗？

洋洋：理解了。

我：所以，这既不是老师教的问题，也不是你理解的问题，这个内容你是掌握了的。

洋洋：是的。

我：你的同学呢？对于这类题，他们也经常做错吗？

洋洋：也不少，大概有三分之一，因为老师有时讲题的时候，会让做错这类题的同学举手。

我：很棒，观察得很仔细，给你点赞。这么多人都做错，看来还是有一些共性的，你觉得是什么呢？

洋洋：不知道，可能就是忘了吧。

我：你们每次考试前都会复习这个知识点吗？

洋洋：还真没有，看来以后考试前还是要把知识点看全了。

我：很棒。咱们继续从时间的角度再看看，关于这类题的知识点，不管是平时复习还是预习，你分给它的时间有多少？

洋洋：很少，因为这个知识点很简单。

我：你分给什么题的知识点的时间多呢？

洋洋：难题和大题啊。

我：你跟我上学的时候一样，最后花了十分的力气，做对了一道8分的大题，却丢了20分的小题。

洋洋：还真是。

我：之前有发现过牛顿第一定律这类题总做错的问题吗？

洋洋：没有。之前没有错题集，并且每次都觉得这类小题不值得一看。可不曾想，这样简单的小题却影响了最后的成绩。

我：所以，我们应该如何对待这类题呢？

洋洋：对于这类题的知识点，还是要多些关注。

我：很不错，那么再想想，为什么考试前，其他知识点都复习了，偏偏就这个落下了呢？

洋洋：可能是我们觉得这个知识点比较简单吧。

我：老师没强调这个知识点的重要性吗？

洋洋：强调了，但是我觉得这个知识点简单，也就没多想。

　　我：这件事给你的启发是什么？

　　洋洋：不管知识点简单与否，考试前都要再看一遍，以免遗漏。知识点没有简单和复杂之分，只有是不是能应用之分。还有就是要把关注大题、难题的时间分一些给老师强调的简单的知识点。

　　我：很棒！接下来，咱们来制订行动计划吧。

　　洋洋：第一，考试前一定要把所有的知识点都认真复习一遍，尤其是老师强调的内容，不管简单与否，都要再看一遍，看完后就会有印象。第二，要坚持做错题集里面的题，这个还真挺有用的，就是需要花比较多的时间。第三，合理分配学习精力，给一些老师强调的、基础的、容易被忽略的知识点及相应的题多一些时间，戒骄戒躁。

　　我：还有吗？

　　洋洋：暂时就想到这些了。

　　我：好的。回过头来，我们再说错题集。其实，如果你能把整理错题集这件事日常化，别攒一堆再去整理，争取每天整理一些，这样，其实每天你也就花几分钟就能搞定。

洋洋：可是我们学校发的习题集，老师有时候还会用，所以不方便剪掉。

我：你可以复印一份，将复印版本里的错题剪下来，这样两不耽误。

洋洋：好的。

本次沟通的复盘学习法画布如图 5-2 所示。

复盘学习法画布

回顾目标	→	回顾策略	→	回顾行动
用1年的时间，把物理成绩从82分提高到92分		关注大题，忽略了关键的小题		把时间重点花在了难题、大题上，没有整理错题集

分析原因

关于牛顿第一定律错题原因分析

人	题目	时间
老师教的没问题	考试前没有复习	对于这类题目的知识点，没有给予足够的关注
自己也理解了这个知识点	老师强调了该知识点的重要性	
有大概三分之一的同学失分	没有整理错题集	没有花时间在这类题目上

总结规律

Ⅰ. 不管知识点简单与否，考试前都要再看一遍

Ⅱ. 知识点没有简单和复杂之分，只有是不是能应用之分

Ⅲ. 要合理分配复习时间

制订行动计划

Ⅰ. 考试前一周要把所有的知识点都认真复习一遍

Ⅱ. 每天坚持整理错题集

Ⅲ. 重新制定学习策略，以提分为目标，多关注比较基础的知识点

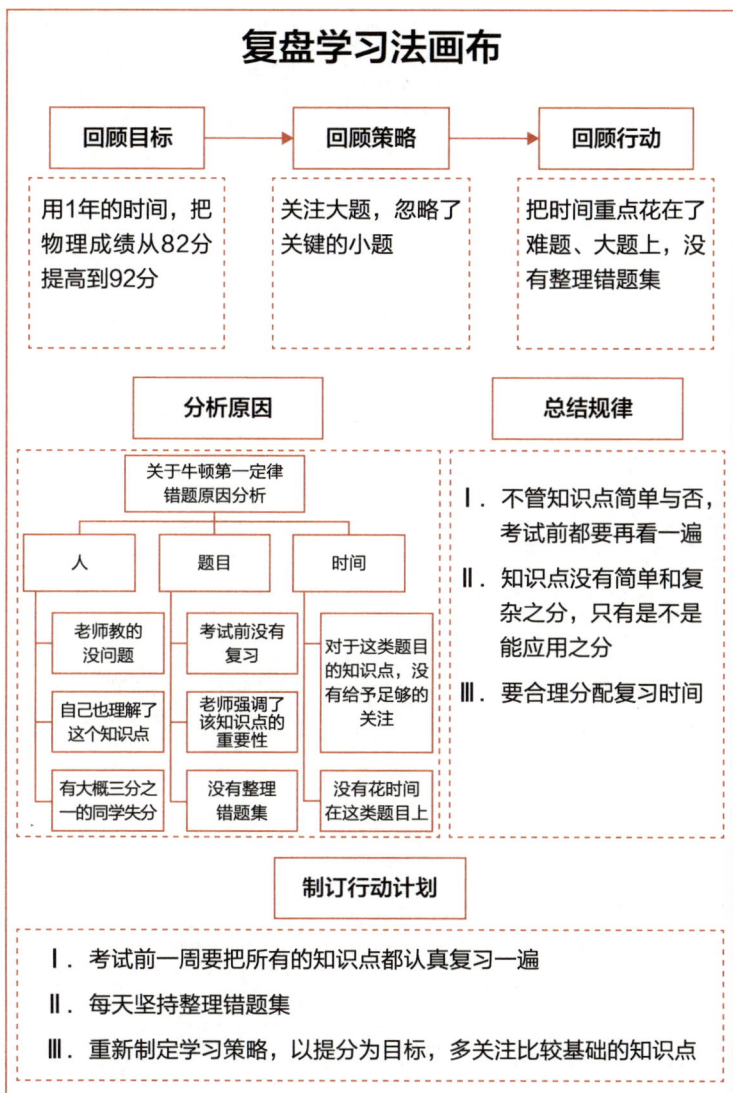

图 5-2　洋洋的复盘学习法画布